PUZZLE WITH STICKERS

PLANTS

Concept & art direction by Kate Lin
Illustrations & layout by Anastasiya Kanavaliuk

INTRODUCTION

Oh hello!

Get ready to have some relaxing, wholesome, screen-less fun. The idea is quite simple. Match up the labelled outline with the corresponding sticker pieces, and voilà, a beautiful picture will emerge as your masterpiece. You have the option to use tweezers for precision. Or, be wild and free, and let it be a little crooked. It'll be artistic and beautiful just the same.

Above all... we hope you enjoy.

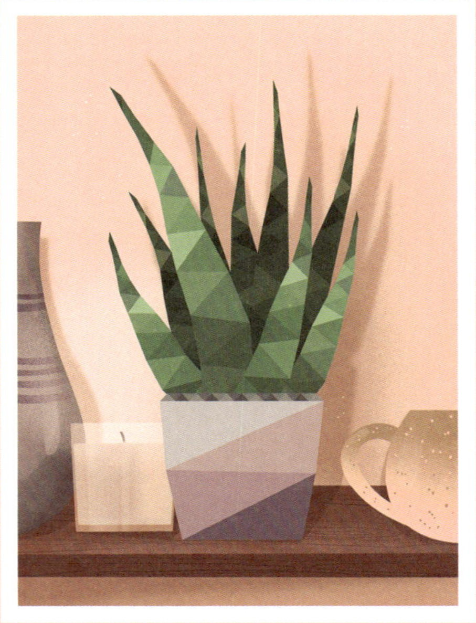

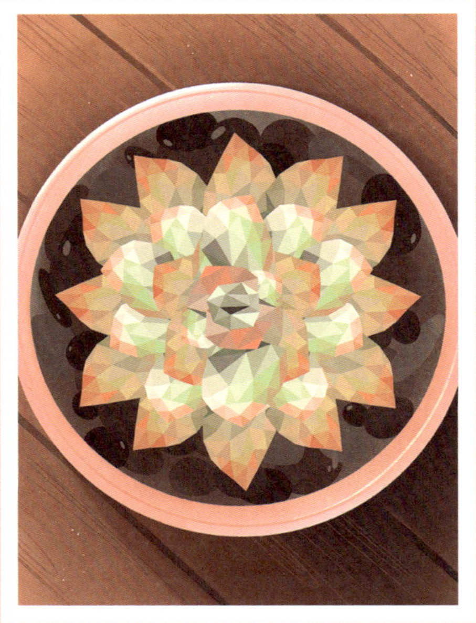

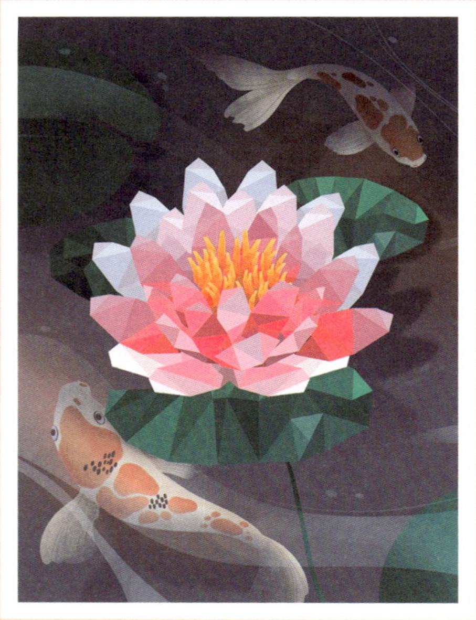

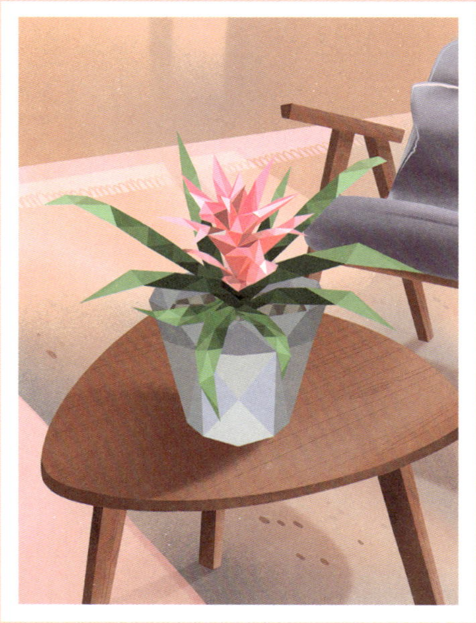

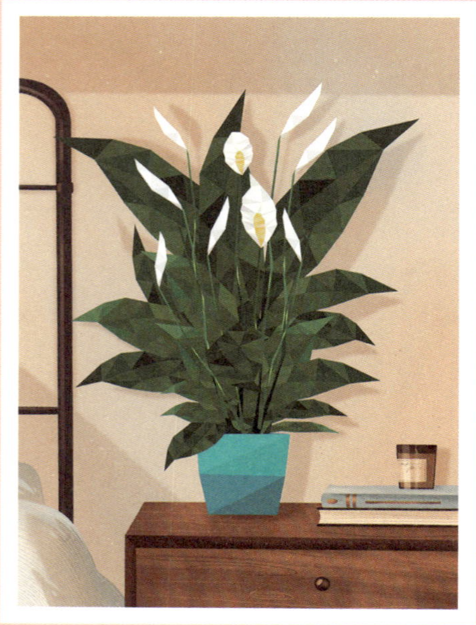

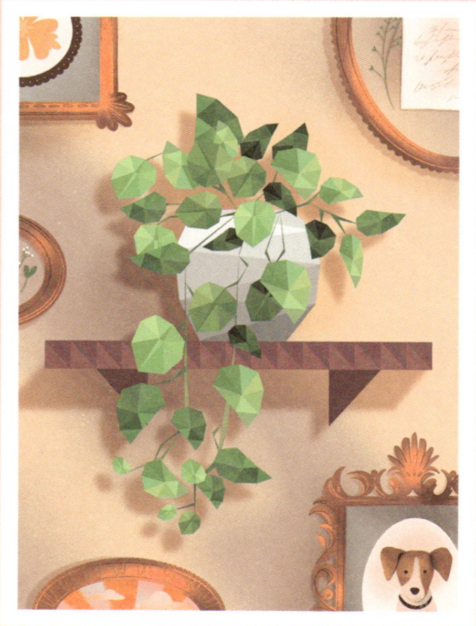

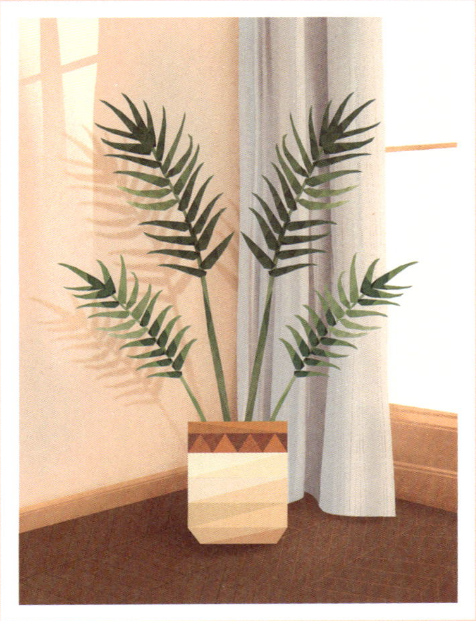
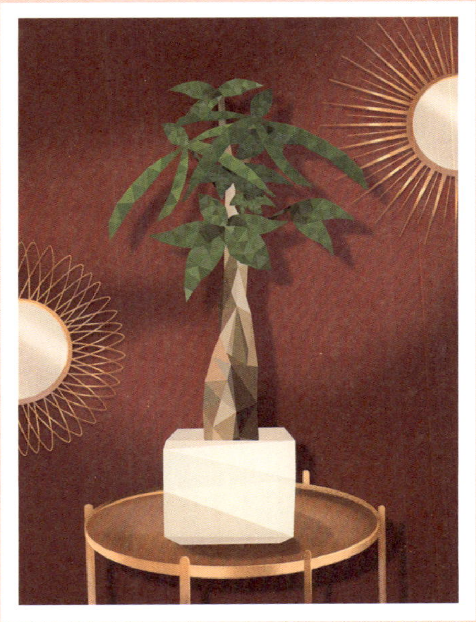
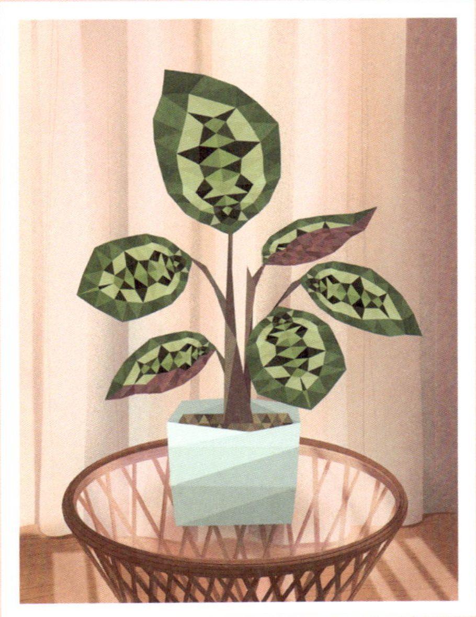
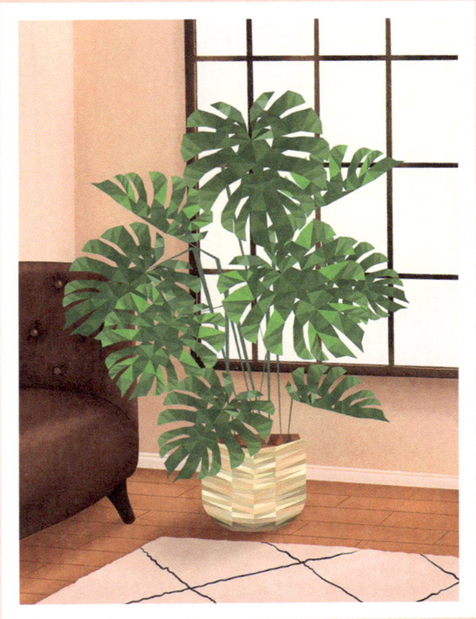
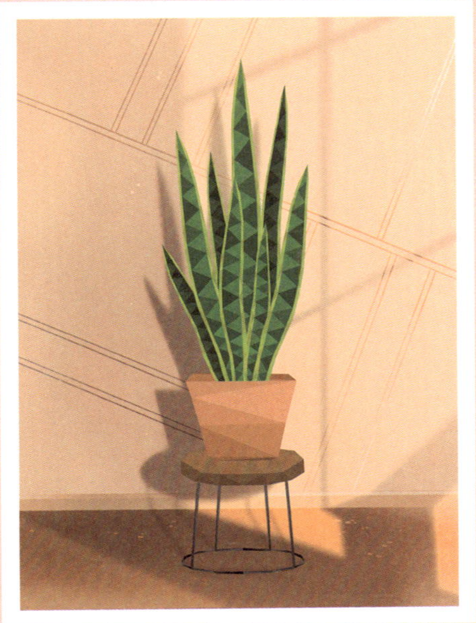
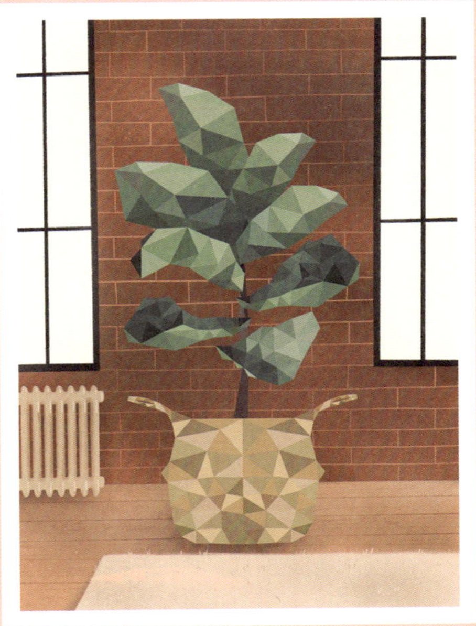

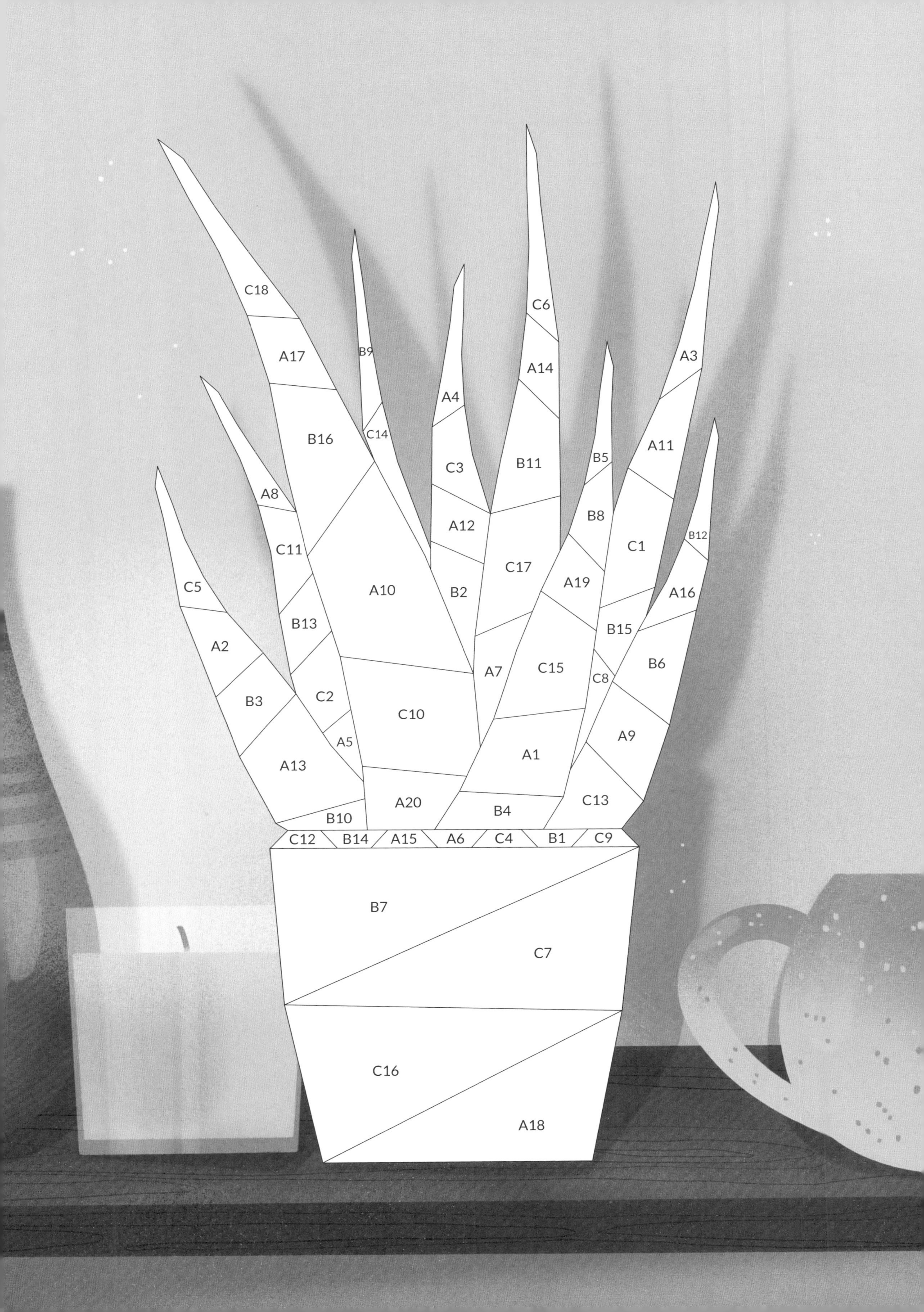
C18
A17
B9
C14
B16
A4
C3
C6
A14
B11
A3
A11
B5
B8
A8
C11
A10
A12
B2
C17
A19
C1
B12
A16
C5
B13
A2
B3
C2
A5
A13
B10
C10
A20
A7
C15
A1
B4
B15
C8
B6
A9
C13
C12
B14
A15
A6
C4
B1
C9
B7
C7
C16
A18

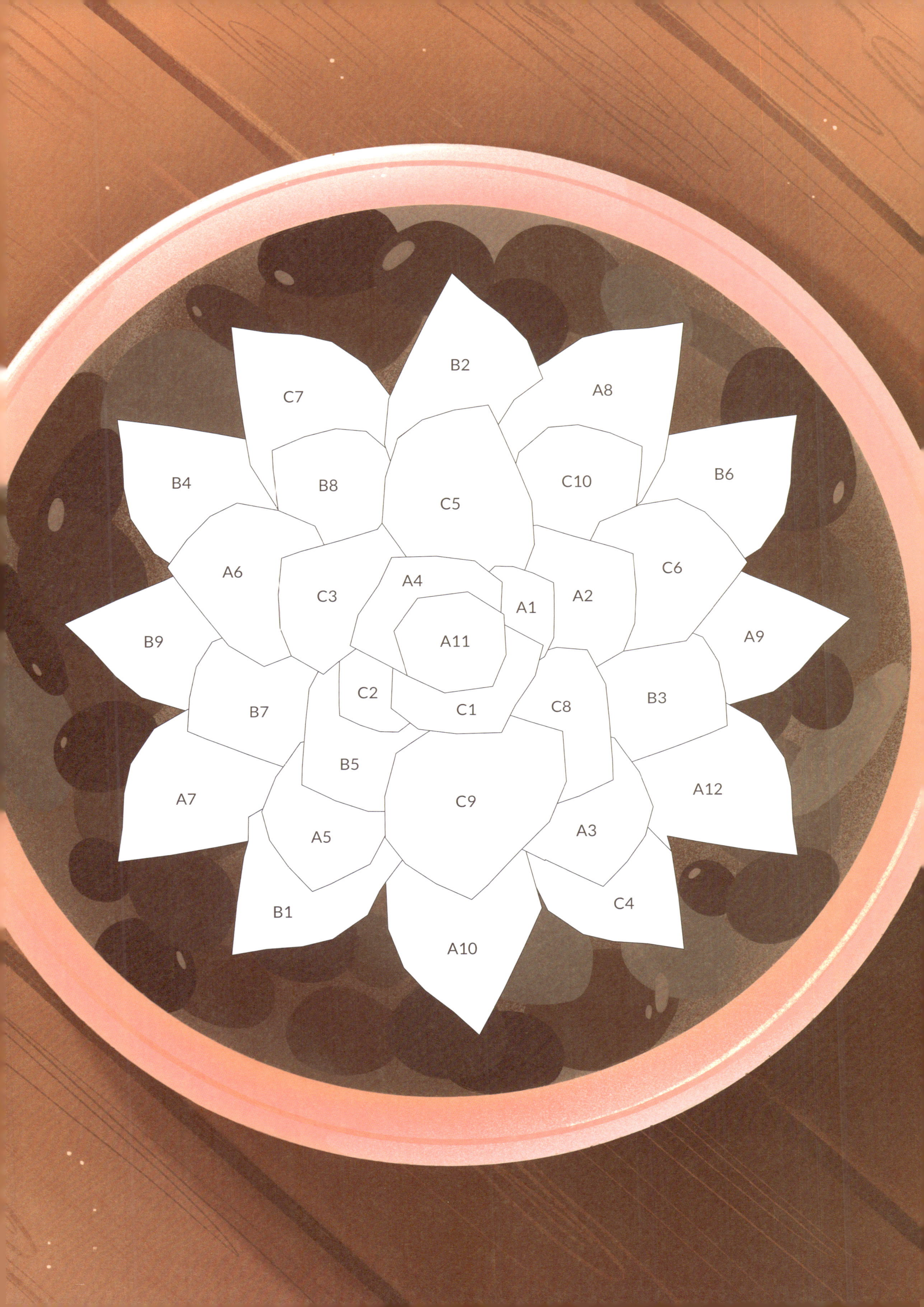
B2
C7
A8
B4
B8
C5
C10
B6
A6
C3
A4
A1
A2
C6
B9
A11
A9
C2
C1
C8
B3
B7
B5
C9
A12
A7
A5
A3
B1
C4
A10

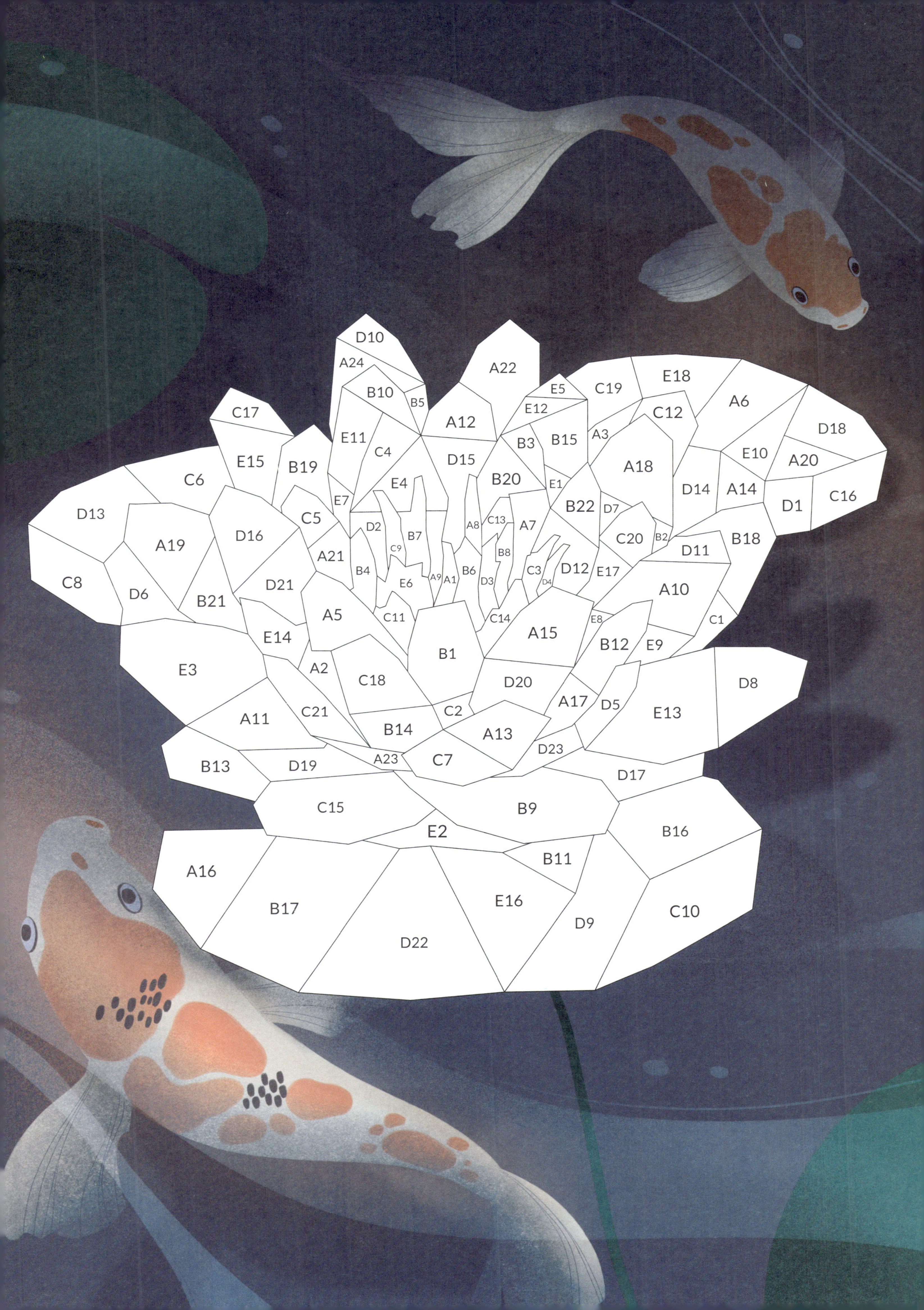

D10
A24
A22
B10
B5
E5
C19
E18
C17
E11
A12
E12
C12
A6
C4
B3
B15
A3
D18
E15
B19
D15
E10
A20
C6
E4
B20
A18
E7
E1
B22
D7
D14
A14
D1
C16
D13
C5
D2
B7
A8
C13
A7
C20
B2
D16
C9
B8
B18
A19
D11
A21
B4
A9
A1
B6
D3
C3
D4
D12
E17
C8
D6
D21
E6
A10
B21
C11
C14
E8
C1
A5
A15
E14
B12
E9
B1
E3
A2
C18
D20
D8
A17
D5
C2
E13
A11
C21
B14
A13
D23
B13
D19
A23
C7
D17
C15
B9
E2
B16
B11
A16
B17
E16
C10
D9
D22

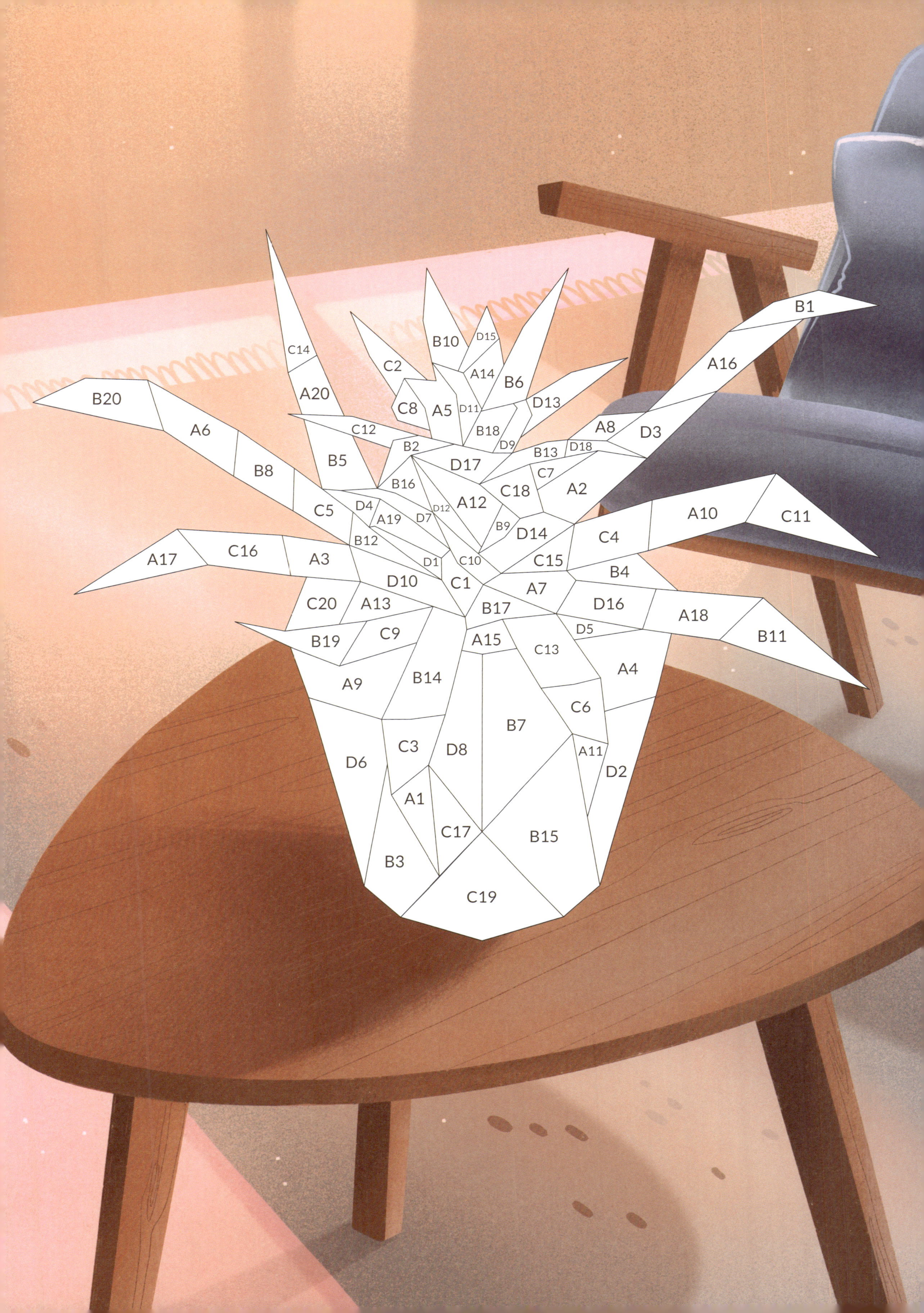
B1
C14
B10
D15
C2
A14
B6
A16
B20
A20
C8
A5
D11
D13
A6
C12
B18
A8
D3
B2
D9
B13
D18
B8
B5
D17
C7
B16
C18
A2
C5
D4
A19
D7
D12
A12
A10
C11
B9
D14
C4
B12
A17
C16
A3
D1
C10
C15
B4
D10
C1
A7
C20
A13
B17
D16
A18
D5
B19
C9
A15
C13
B11
A4
A9
B14
C6
B7
C3
D8
A11
D6
D2
A1
C17
B15
B3
C19

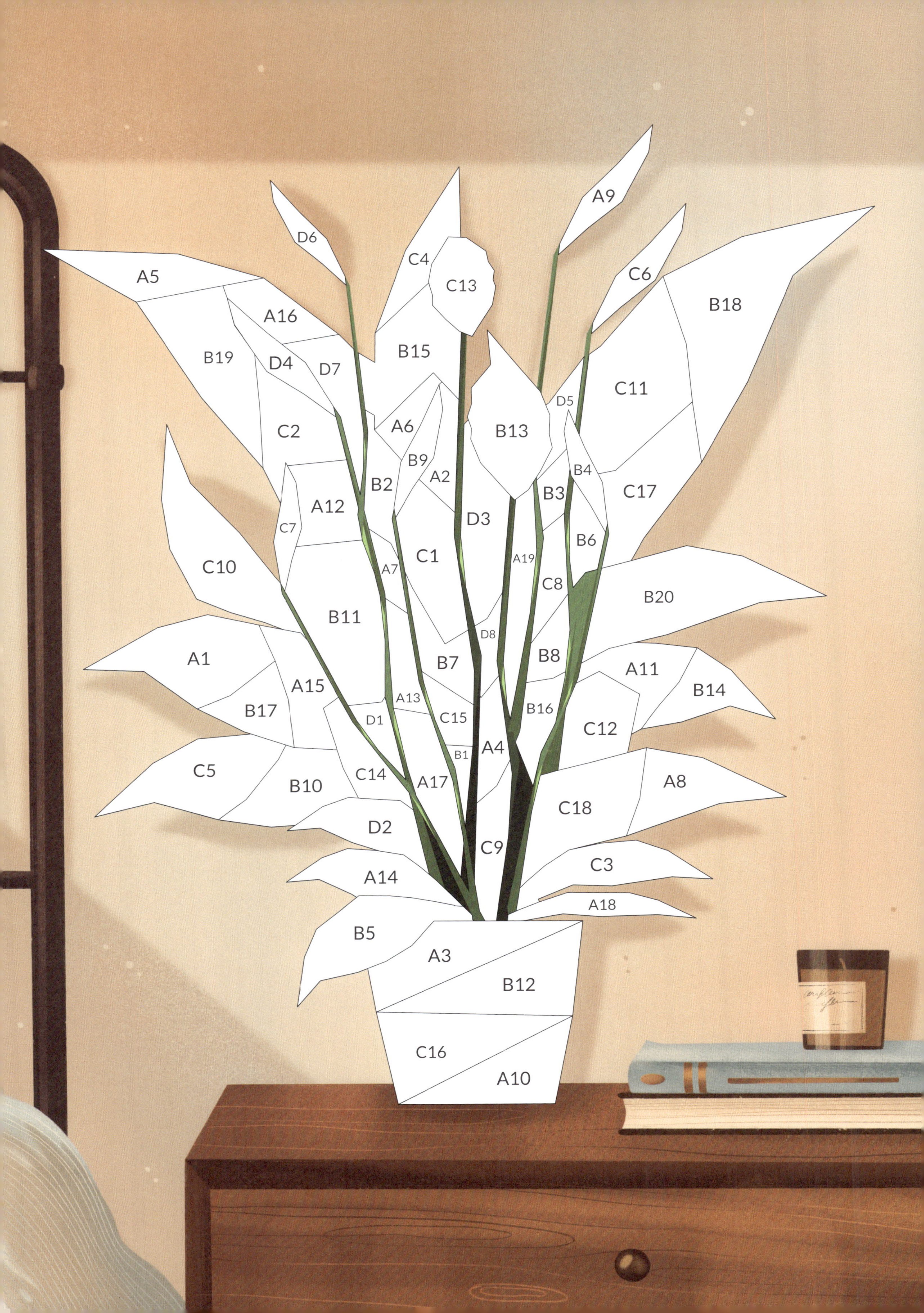
A9
D6
C4
C6
A5
C13
B18
A16
B19
B15
D4
D7
C11
D5
A6
C2
B13
B9
A2
B4
C17
B2
A12
B3
D3
C7
B6
C1
A19
C10
A7
C8
B20
B11
D8
A1
B7
B8
A11
B14
A15
A13
B17
D1
C15
B16
C12
A4
B1
C5
C14
A17
B10
A8
C18
D2
C9
C3
A14
A18
B5
A3
B12
C16
A10

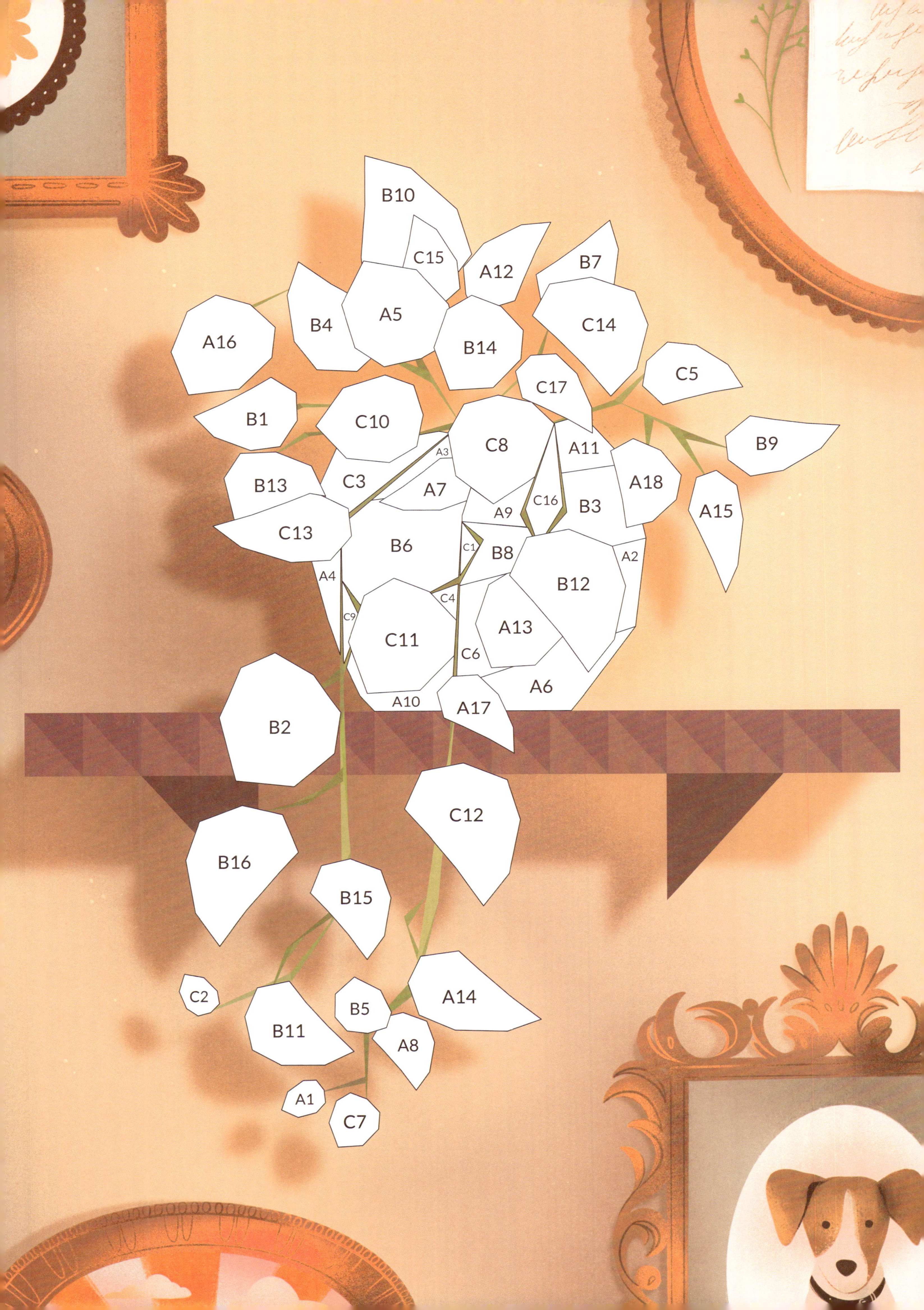
B10
C15
A12
B7
A5
B4
A16
B14
C14
C5
C17
B1
C10
C8
A11
B9
A3
B13
C3
A7
A18
C16
A15
B3
A9
C13
B6
C1
B8
A2
B12
A4
C4
C9
C11
A13
C6
A6
A10
A17
B2
C12
B16
B15
A14
C2
B5
B11
A8
A1
C7

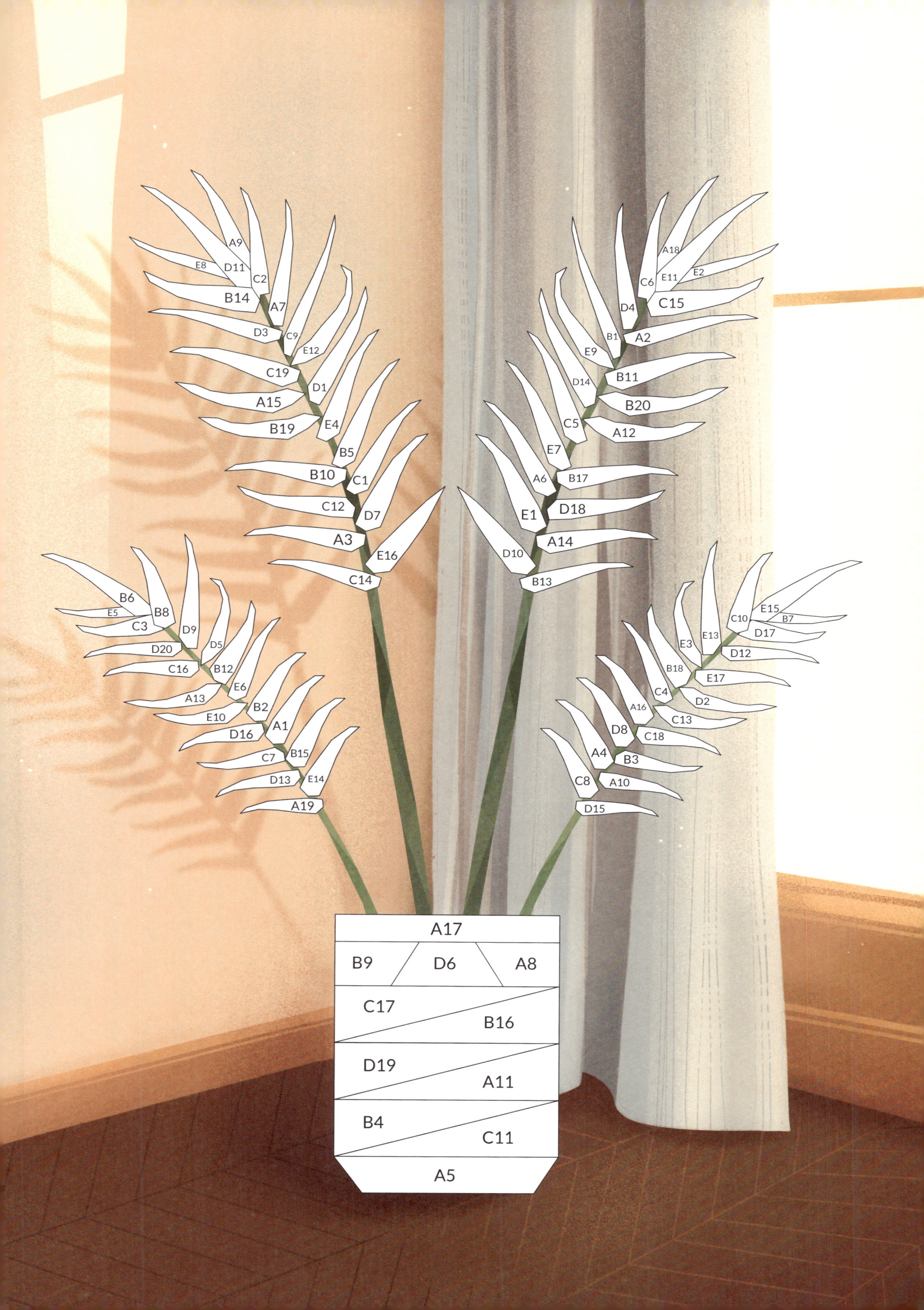
A9
E8
D11
C2
B14
A7
D3
C9
E12
C19
D1
A15
B19
E4
B5
B10
C1
C12
D7
A3
E16
C14
A18
E2
C6
E11
C15
D4
B1
A2
E9
B11
D14
B20
C5
A12
E7
A6
B17
D18
E1
A14
D10
B13
B6
B8
E5
C3
D9
D5
D20
C16
B12
E6
A13
B2
E10
A1
D16
C7
B15
D13
E14
A19
E15
C10
B7
D17
E13
E3
D12
B18
E17
C4
D2
A16
C13
D8
C18
A4
B3
C8
A10
D15
A17
B9
D6
A8
C17
B16
D19
A11
B4
C11
A5

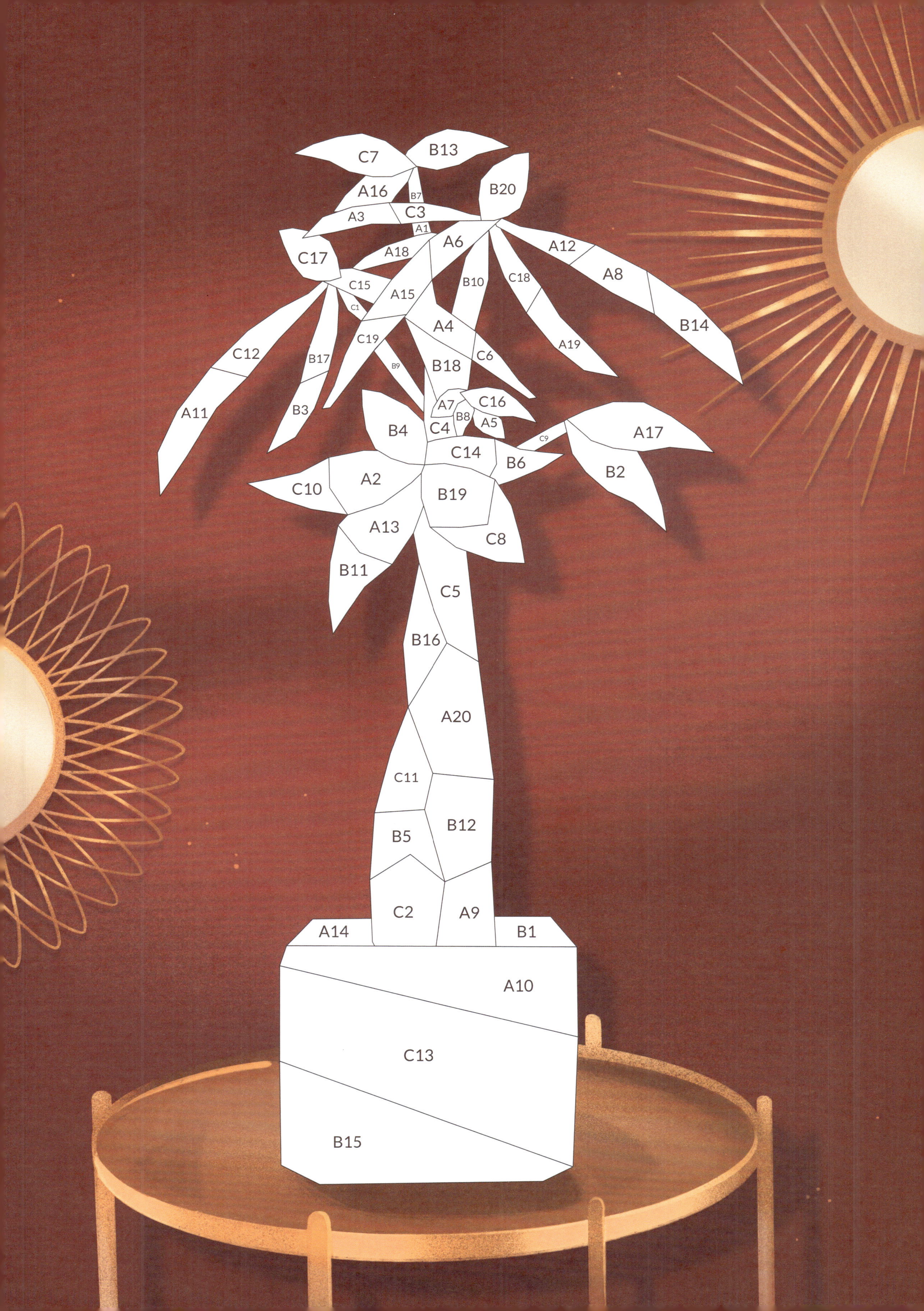
C7
B13
A16
B7
B20
A3
C3
A1
A6
A12
C17
A18
A8
C15
B10
C18
A15
C1
B14
A4
C19
C6
A19
C12
B17
B9
B18
A7
C16
A11
B8
A5
C4
B3
B4
A17
C9
C14
B6
A2
B2
C10
B19
A13
C8
B11
C5
B16
A20
C11
B12
B5
C2
A9
A14
B1
A10
C13
B15

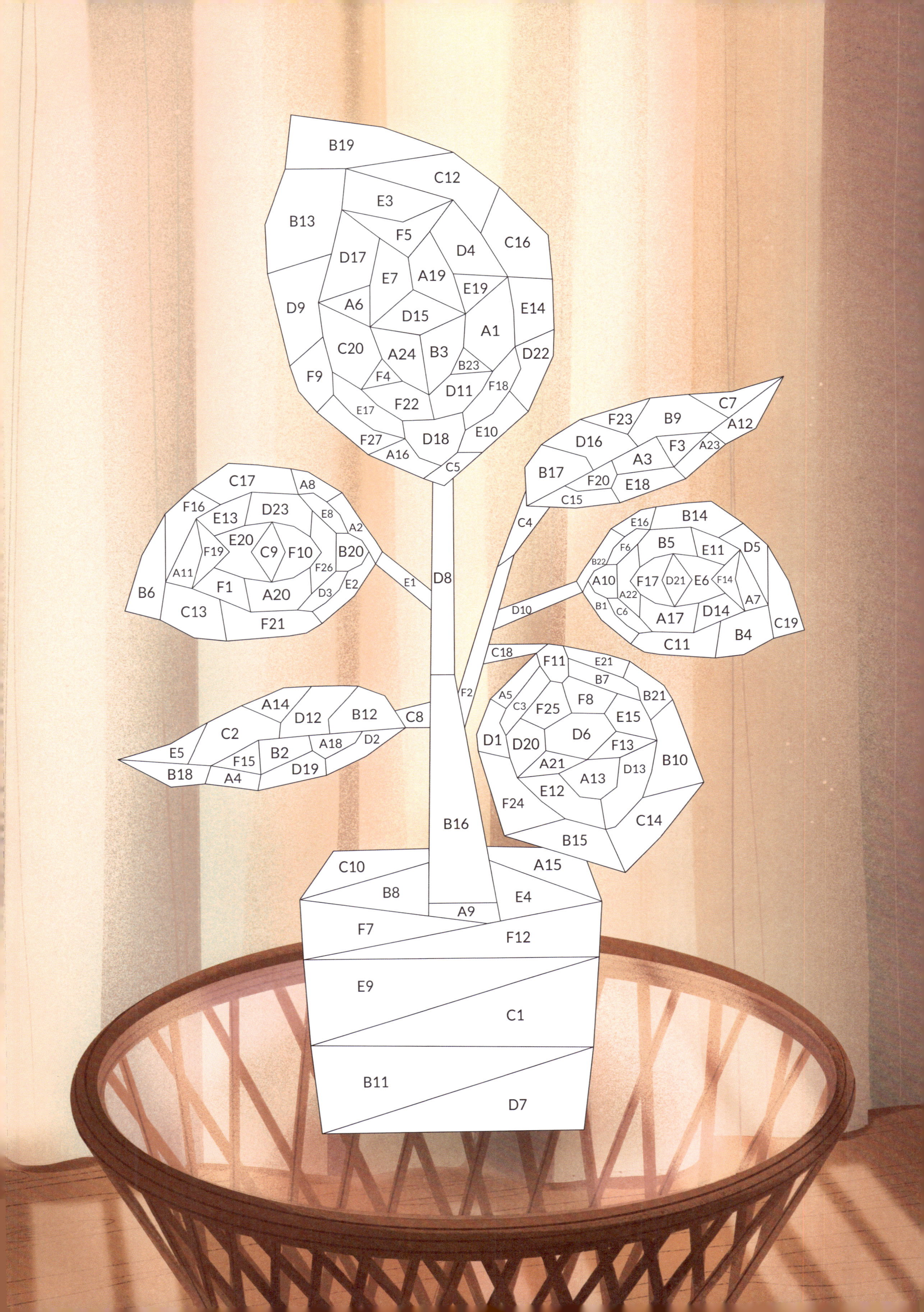
B19
C12
E3
B13
F5
C16
D17
D4
E7
A19
E19
D9
A6
D15
E14
A1
C20
A24
B3
D22
B23
F9
F4
D11
F18
F22
E17
C7
D18
E10
F23
B9
F27
A12
A16
C5
D16
F3
A23
A3
B17
F20
E18
C15
C17
A8
F16
D23
E8
E13
C4
E16
B14
A2
E20
C9
F10
B20
F19
B5
E11
D5
F6
F26
D8
B22
A11
E1
E2
A10
F17
D21
E6
F14
F1
A20
D3
A22
A7
B6
B1
C6
D10
A17
D14
C13
C19
F21
C11
B4
C18
F11
E21
B7
F2
A5
B21
A14
F8
C3
F25
D12
B12
C8
E15
D6
D1
C2
D20
D2
A18
F13
B10
E5
B2
F15
A21
D13
A13
B18
A4
D19
E12
F24
C14
B16
B15
C10
A15
B8
E4
A9
F7
F12
E9
C1
B11
D7

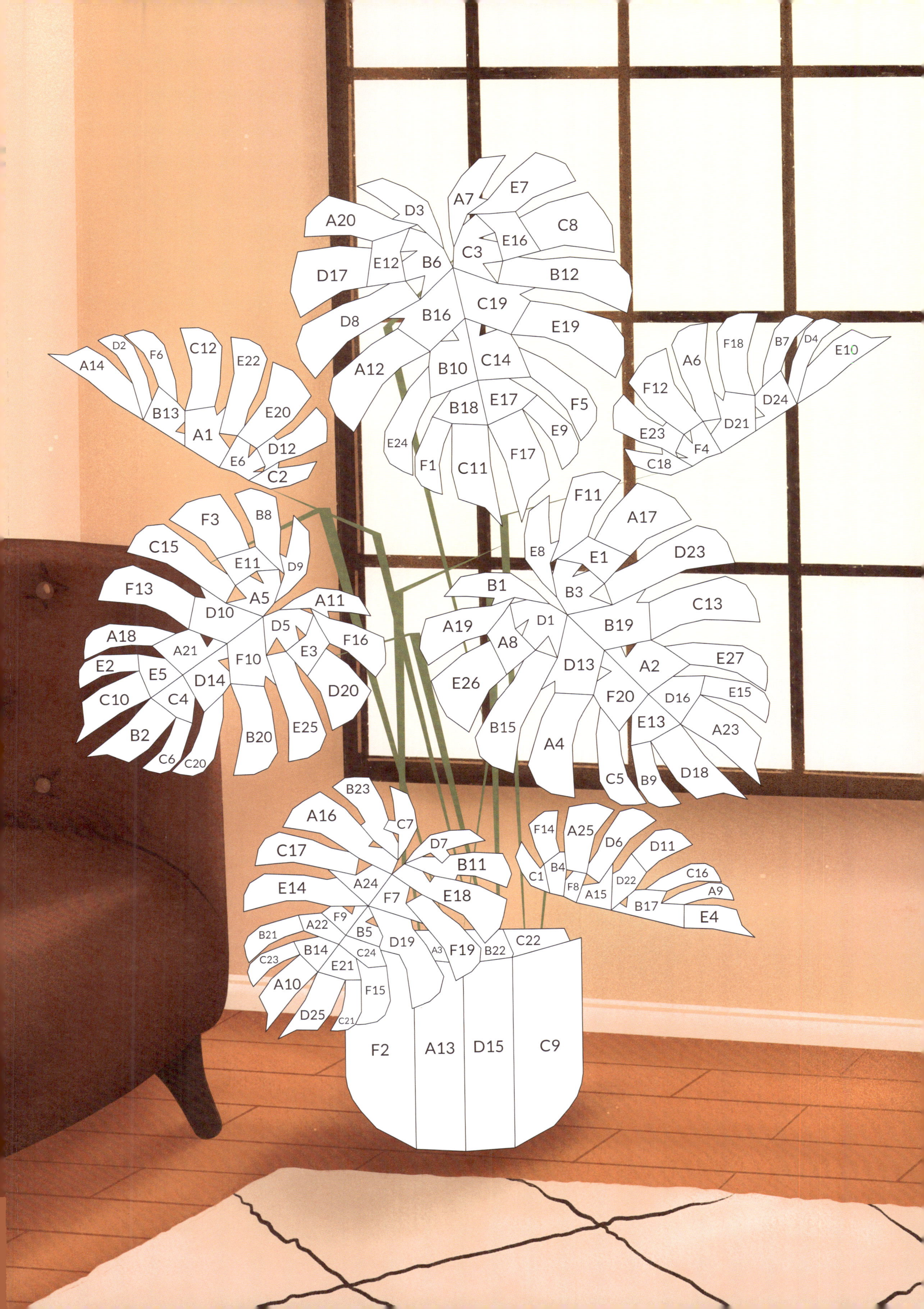

D3
A7
E7
A20
C8
E16
C3
B6
E12
D17
B12
C19
B16
D8
E19
A12
B10
C14
B18
E17
F5
E24
E9
F1
C11
F17
D2
F6
C12
A14
E22
B13
E20
A1
D12
E6
C2
F18
B7
D4
E10
A6
F12
D24
D21
E23
F4
C18
B8
F3
C15
E11
D9
F13
A5
A11
D10
D5
A18
A21
F16
E3
F10
E2
E5
D14
C10
C4
D20
E25
B2
B20
C6
C20
F11
A17
E8
E1
D23
B1
B3
C13
A19
D1
B19
A8
D13
A2
E27
E26
F20
D16
E15
B15
E13
A23
A4
C5
B9
D18
B23
A16
C7
D7
C17
B11
E14
A24
F7
E18
F9
A22
B21
B5
D19
B14
C24
C23
E21
A3
F19
B22
C22
A10
F15
D25
C21
F14
A25
D6
D11
C1
B4
D22
C16
F8
A15
A9
B17
E4
F2
A13
D15
C9

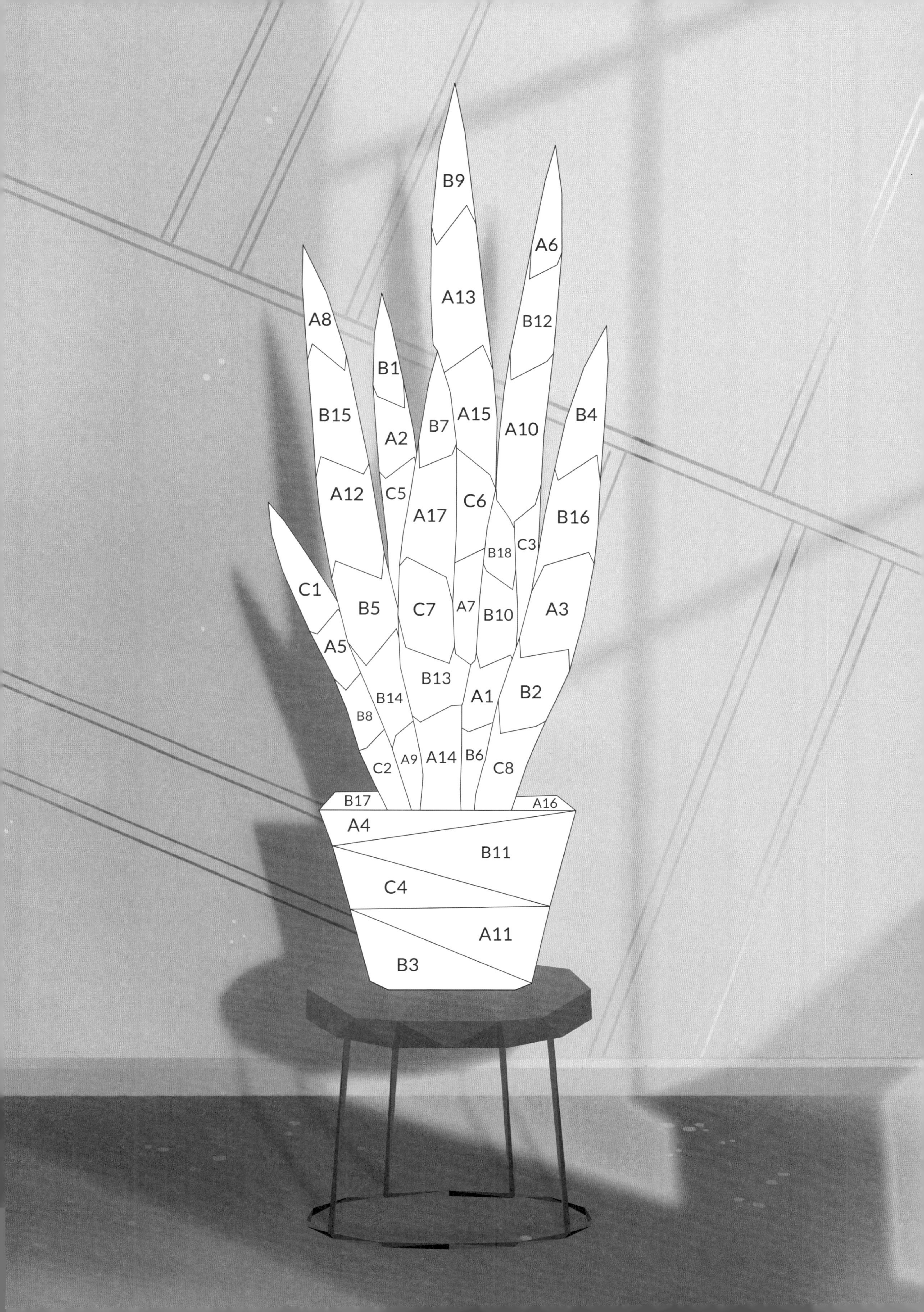
B9
A6
A13
B12
A8
B1
B15
A15
A10
B4
B7
A2
A12
C5
C6
A17
B16
C3
B18
C1
B5
C7
A7
B10
A3
A5
B13
A1
B2
B14
B8
C2
A9
A14
B6
C8
B17
A16
A4
B11
C4
A11
B3

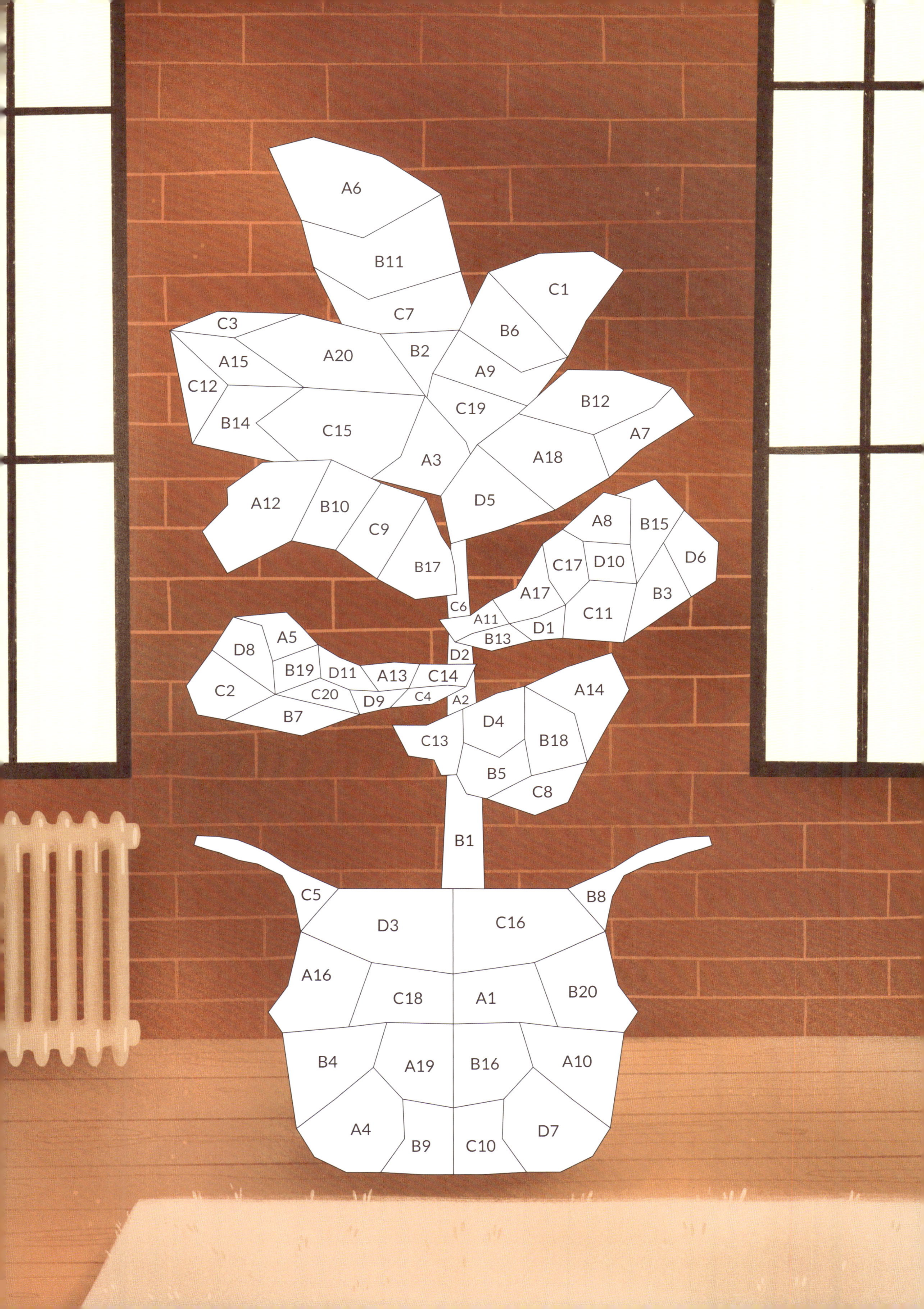
A6
B11
C1
C7
C3
B6
A20
B2
A15
A9
C12
B12
C19
B14
C15
A7
A3
A18
A12
B10
D5
A8
B15
C9
C17
D10
D6
B17
A17
B3
C6
A11
C11
D1
B13
A5
D8
D2
B19
D11
A13
C14
A14
C2
C20
C4
D9
A2
B7
D4
C13
B18
B5
C8
B1
C5
B8
D3
C16
A16
C18
A1
B20
B4
A19
B16
A10
A4
D7
B9
C10

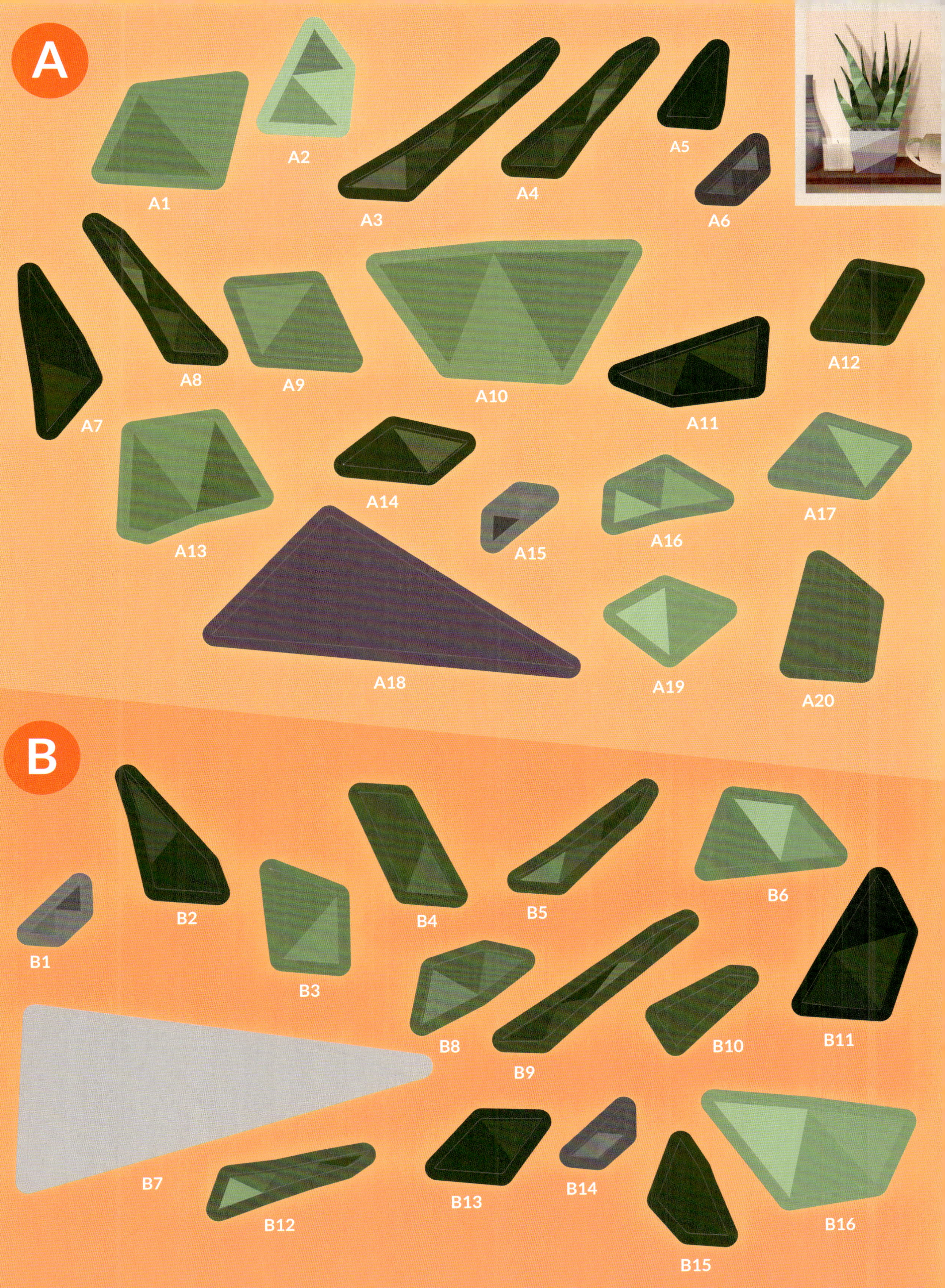
A
A1
A2
A3
A4
A5
A6
A7
A8
A9
A10
A11
A12
A13
A14
A15
A16
A17
A18
A19
A20
B
B1
B2
B3
B4
B5
B6
B7
B8
B9
B10
B11
B12
B13
B14
B15
B16

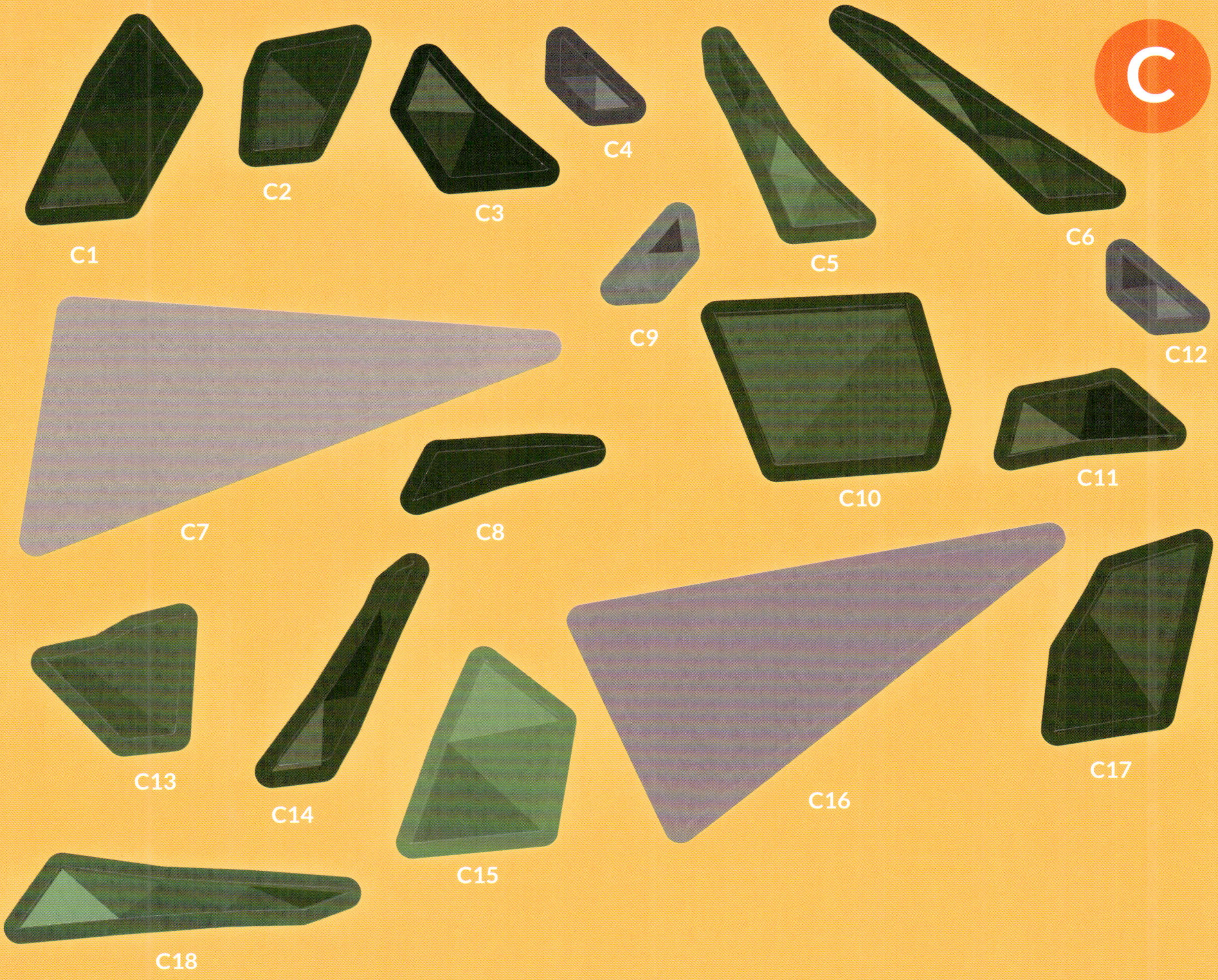
C
C1
C2
C3
C4
C5
C6
C7
C8
C9
C10
C11
C12
C13
C14
C15
C16
C17
C18

A

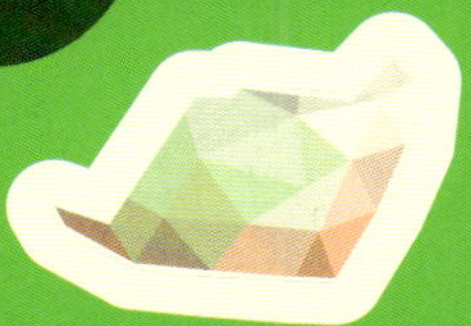

A1

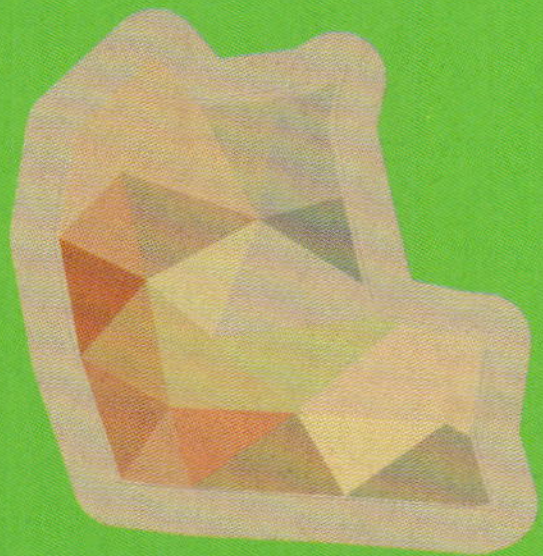

A2

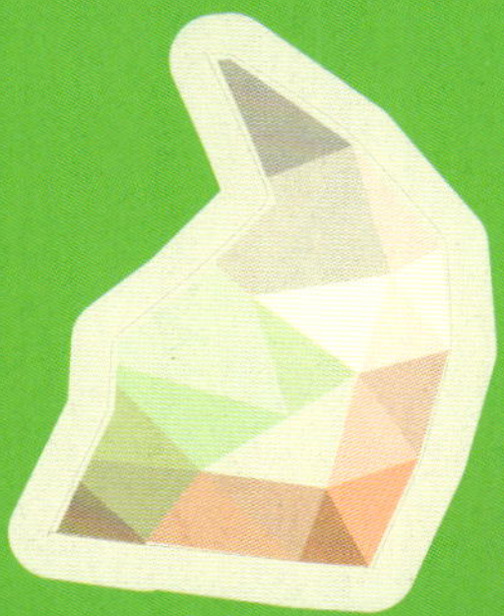

A3

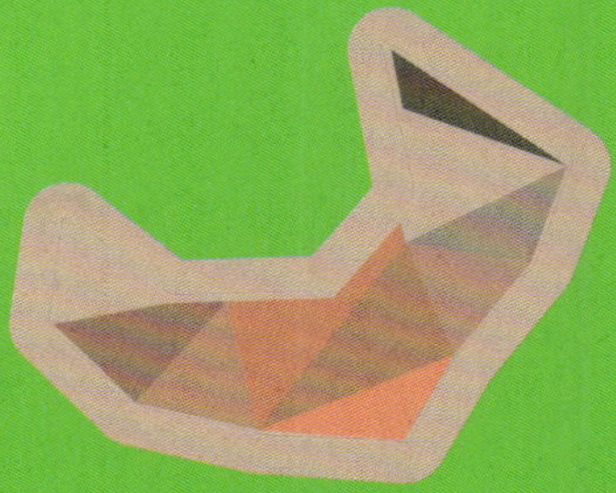

A4

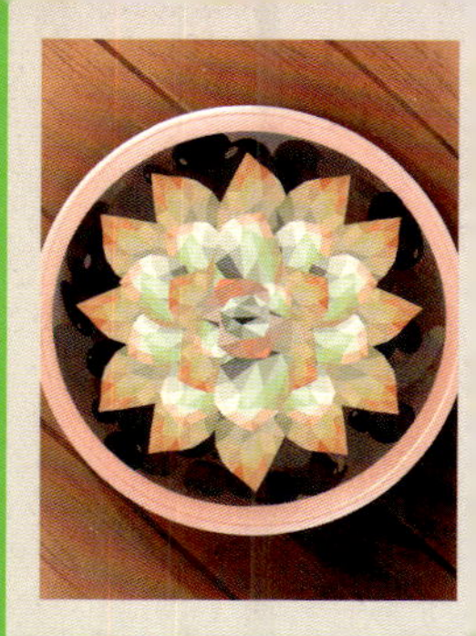

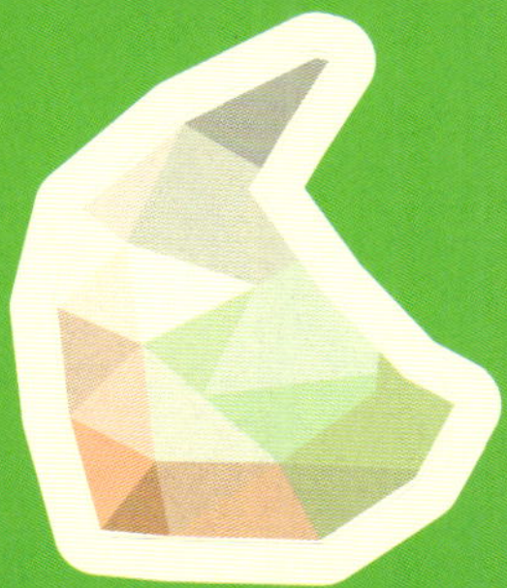

A5

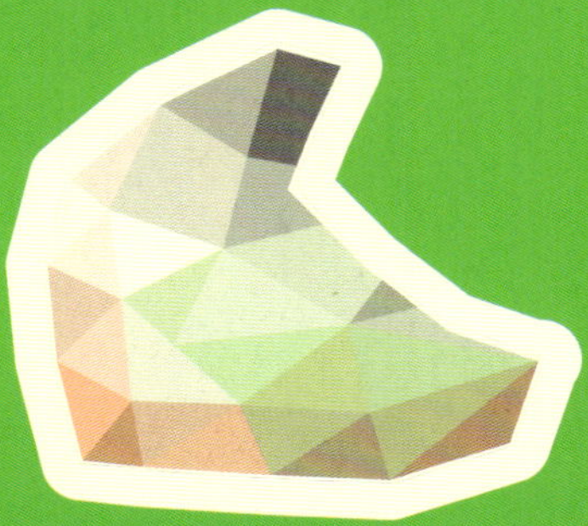

A6

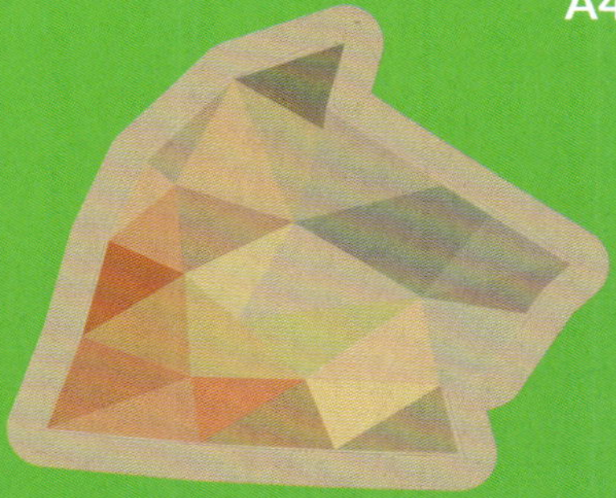

A7

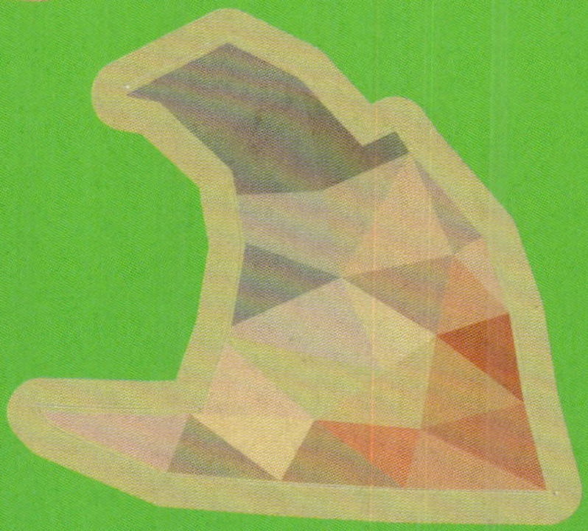

A8

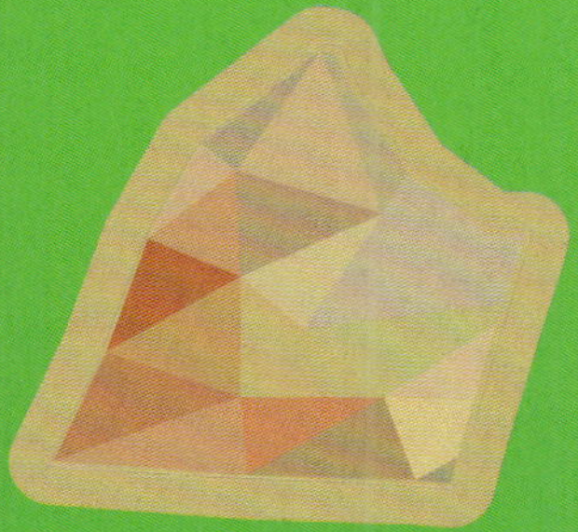

A9

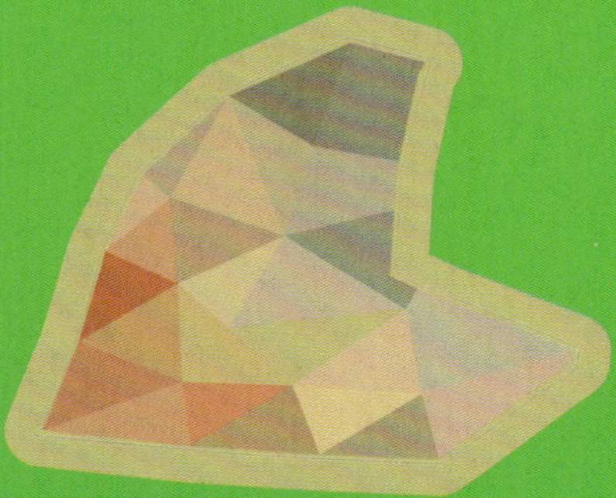

A10

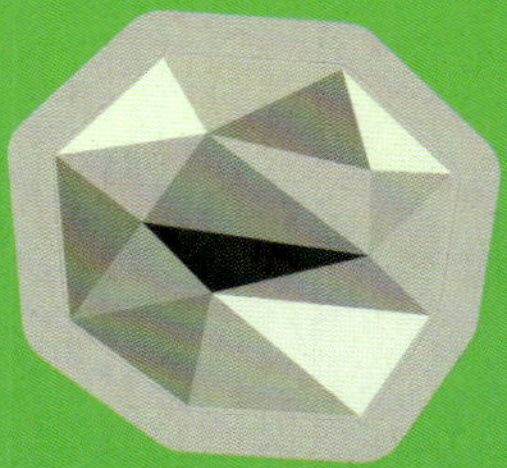

A11

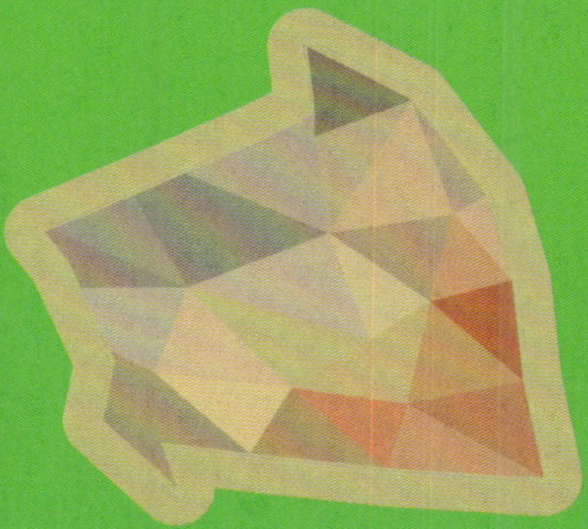

A12

B

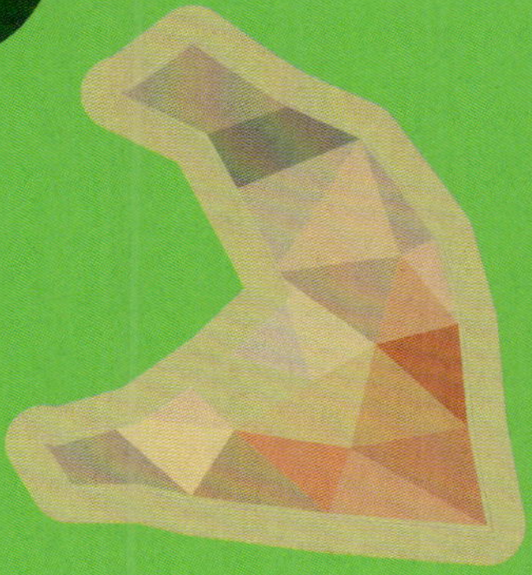

B1

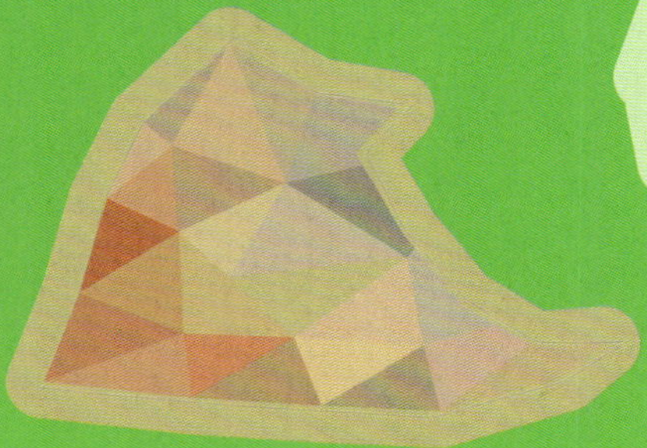

B2

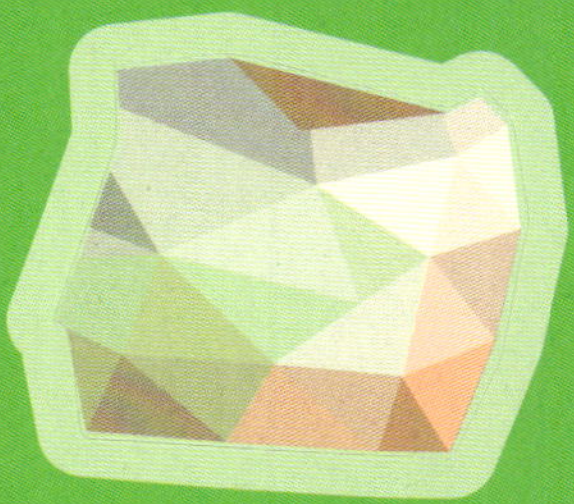

B3

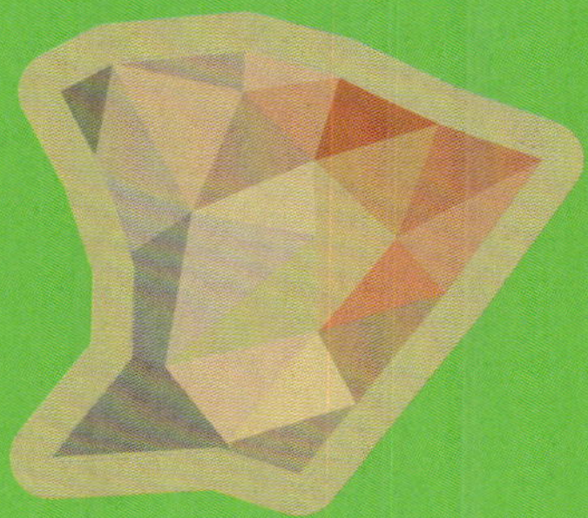

B4

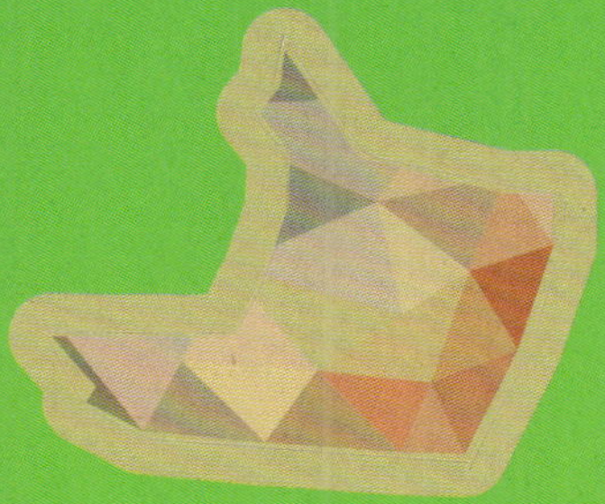

B5

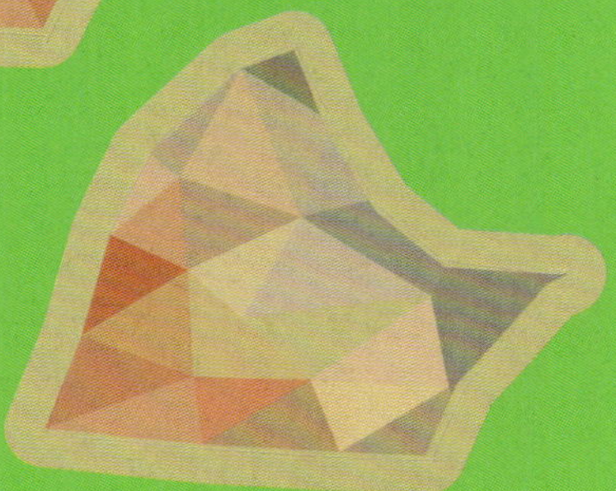

B6

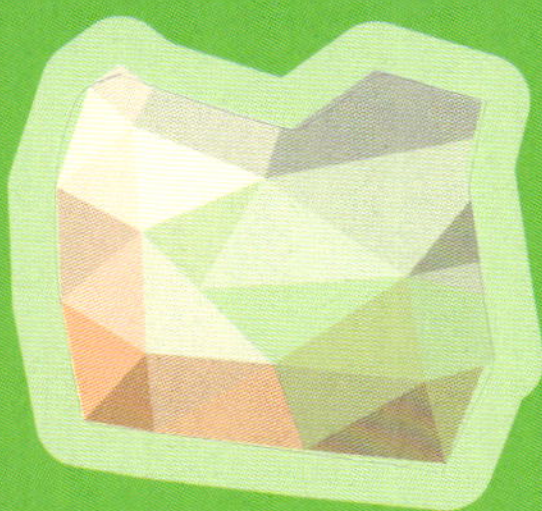

B7

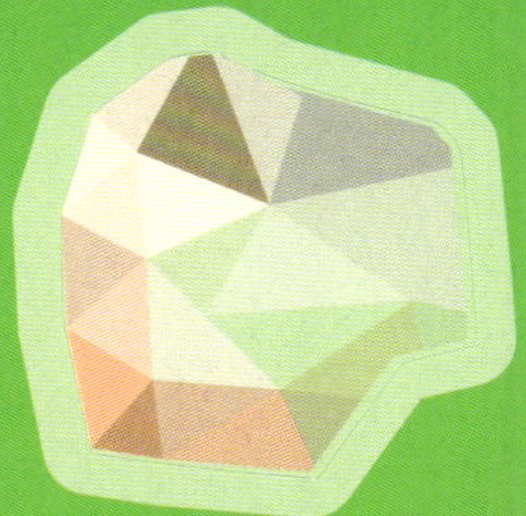

B8

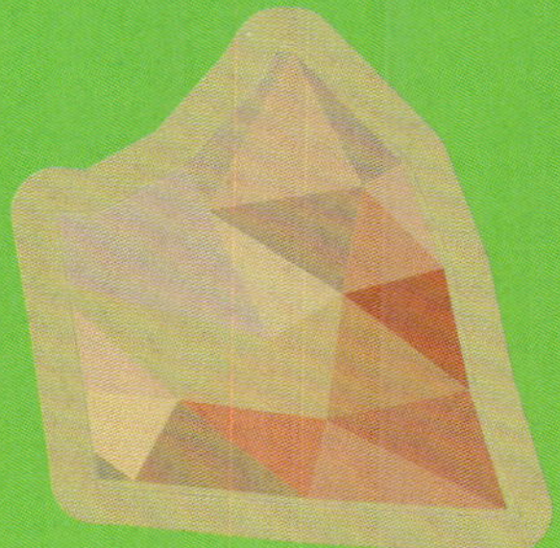

B9

C

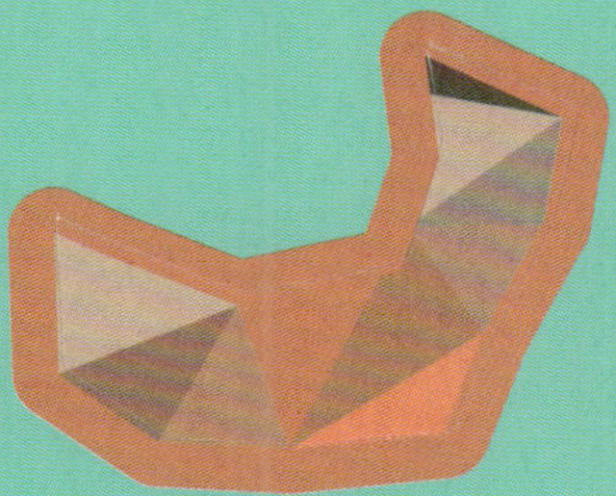

C1

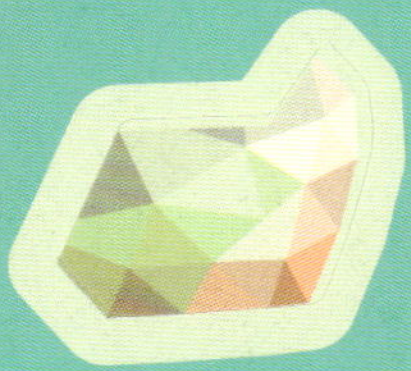

C2

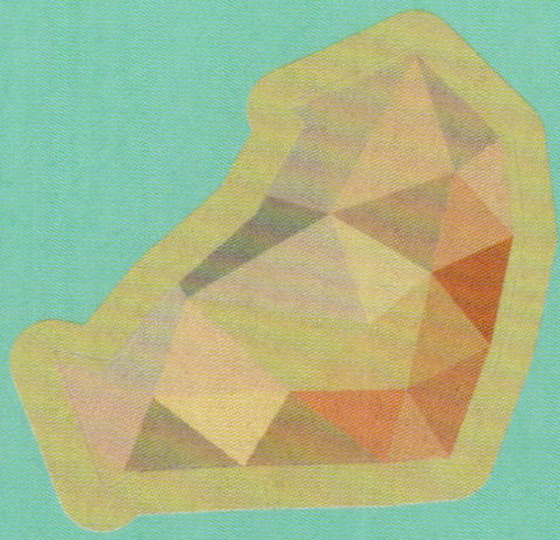

C3

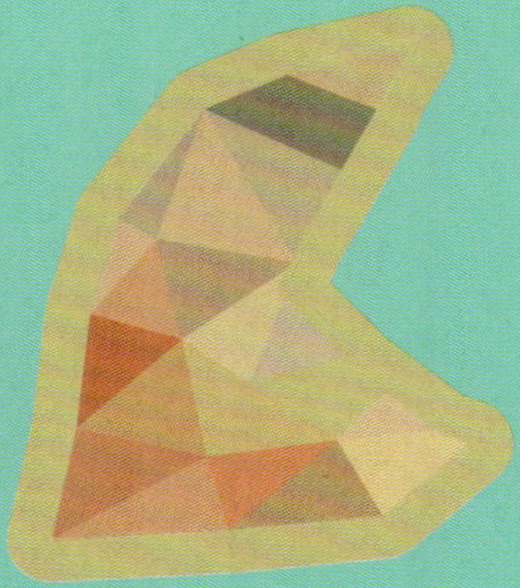

C4

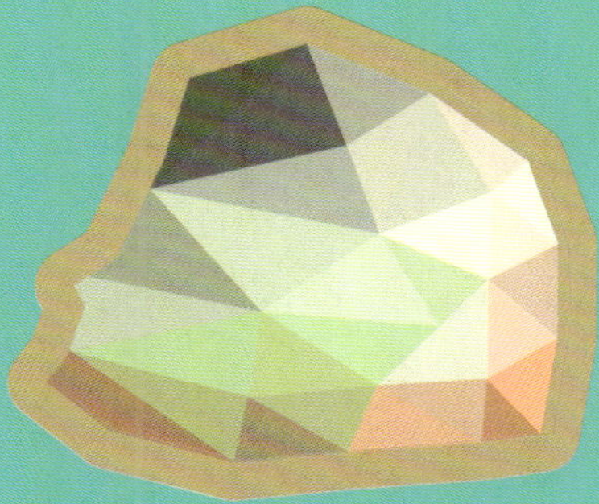

C5

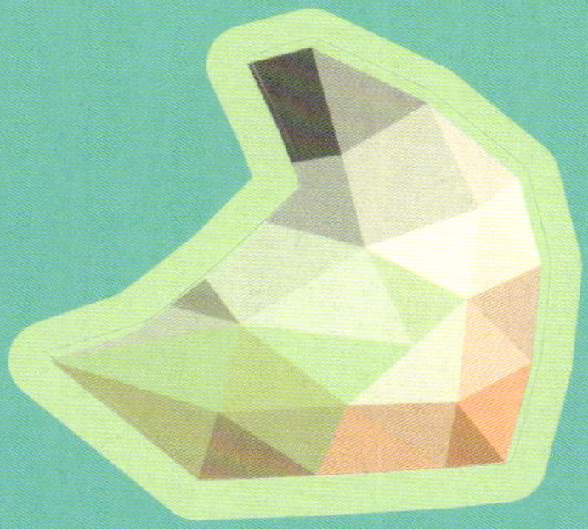

C6

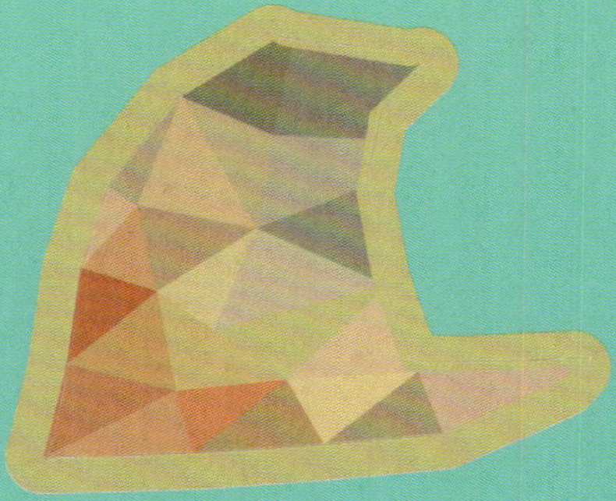

C7

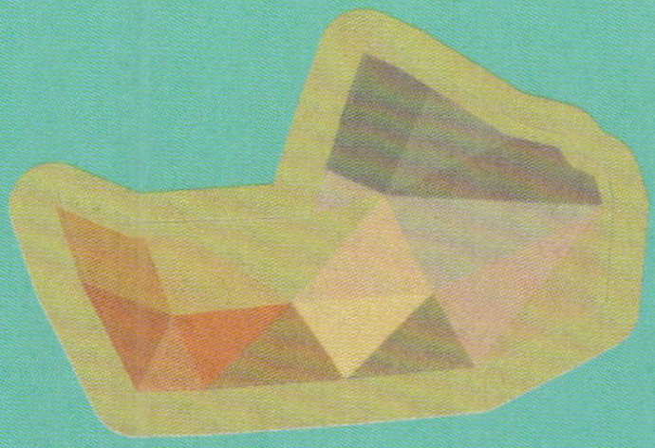

C8

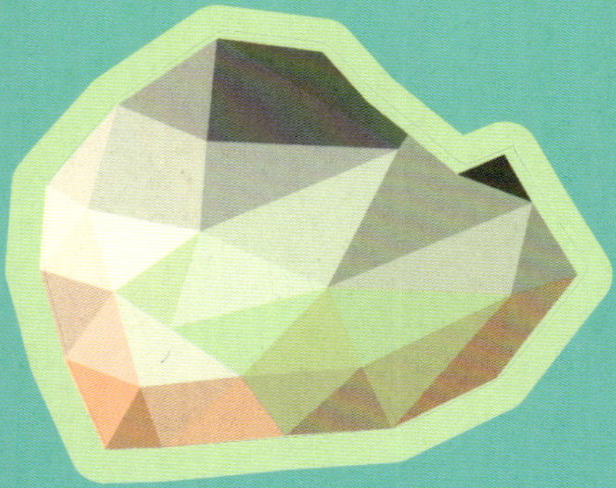

C9

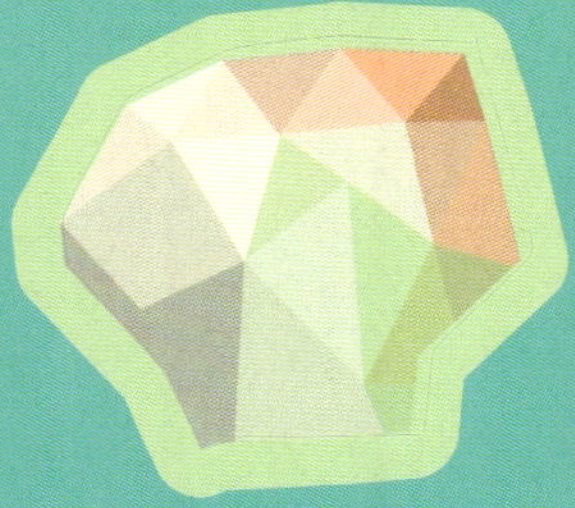

C10

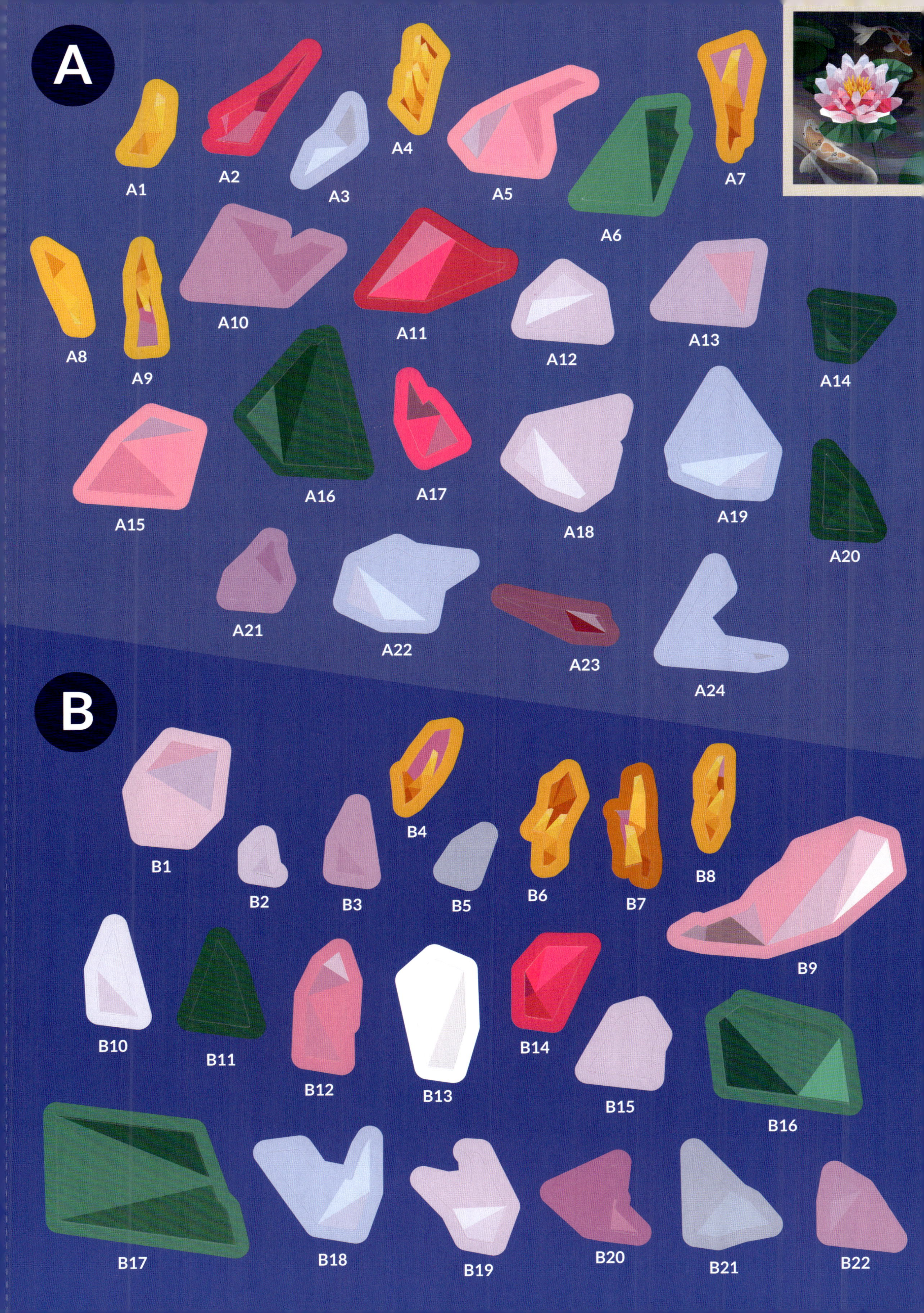
A
A1
A2
A3
A4
A5
A6
A7
A8
A9
A10
A11
A12
A13
A14
A15
A16
A17
A18
A19
A20
A21
A22
A23
A24
B
B1
B2
B3
B4
B5
B6
B7
B8
B9
B10
B11
B12
B13
B14
B15
B16
B17
B18
B19
B20
B21
B22

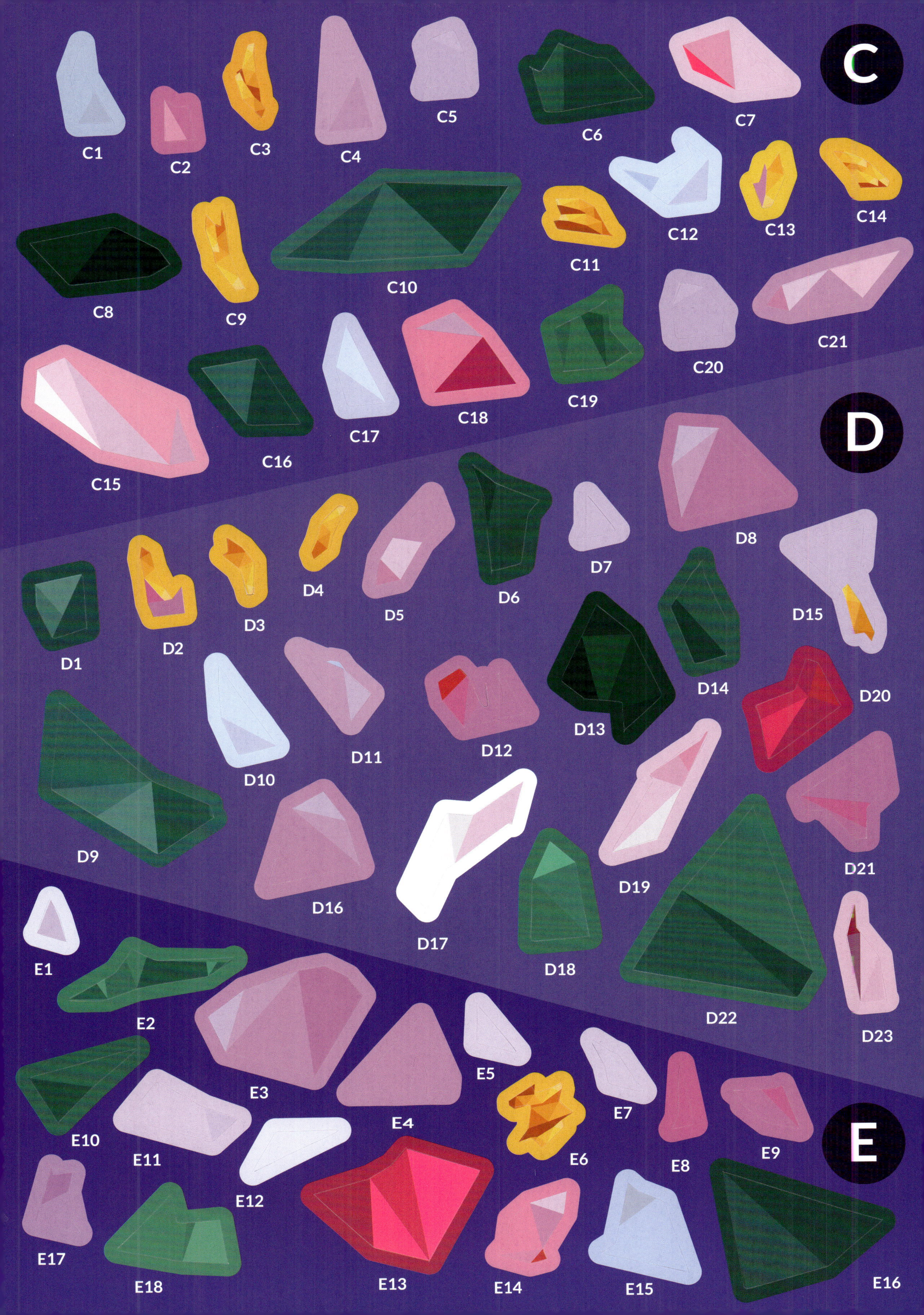

C
C1
C2
C3
C4
C5
C6
C7
C8
C9
C10
C11
C12
C13
C14
C15
C16
C17
C18
C19
C20
C21
D
D1
D2
D3
D4
D5
D6
D7
D8
D9
D10
D11
D12
D13
D14
D15
D16
D17
D18
D19
D20
D21
D22
D23
E
E1
E2
E3
E4
E5
E6
E7
E8
E9
E10
E11
E12
E13
E14
E15
E16
E17
E18

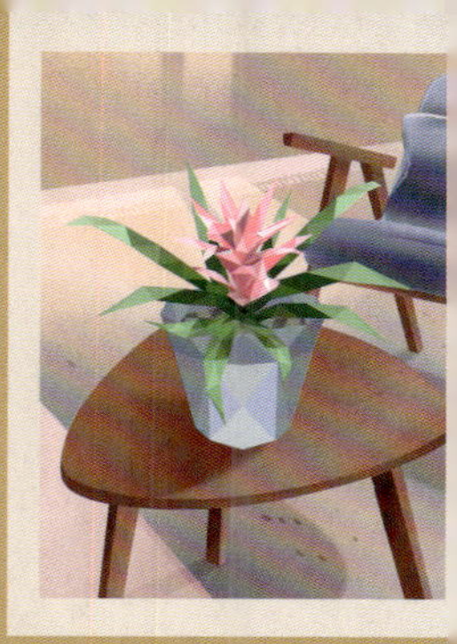

A

A1 A2 A3 A4 A5

A6 A7 A8 A9 A10

A11 A12 A13 A14 A15

A16 A17 A18 A19 A20

B

B1 B2 B3 B4 B5

B6 B7 B8 B9 B10

B11 B12 B13 B14 B15

B16 B17 B18 B19 B20

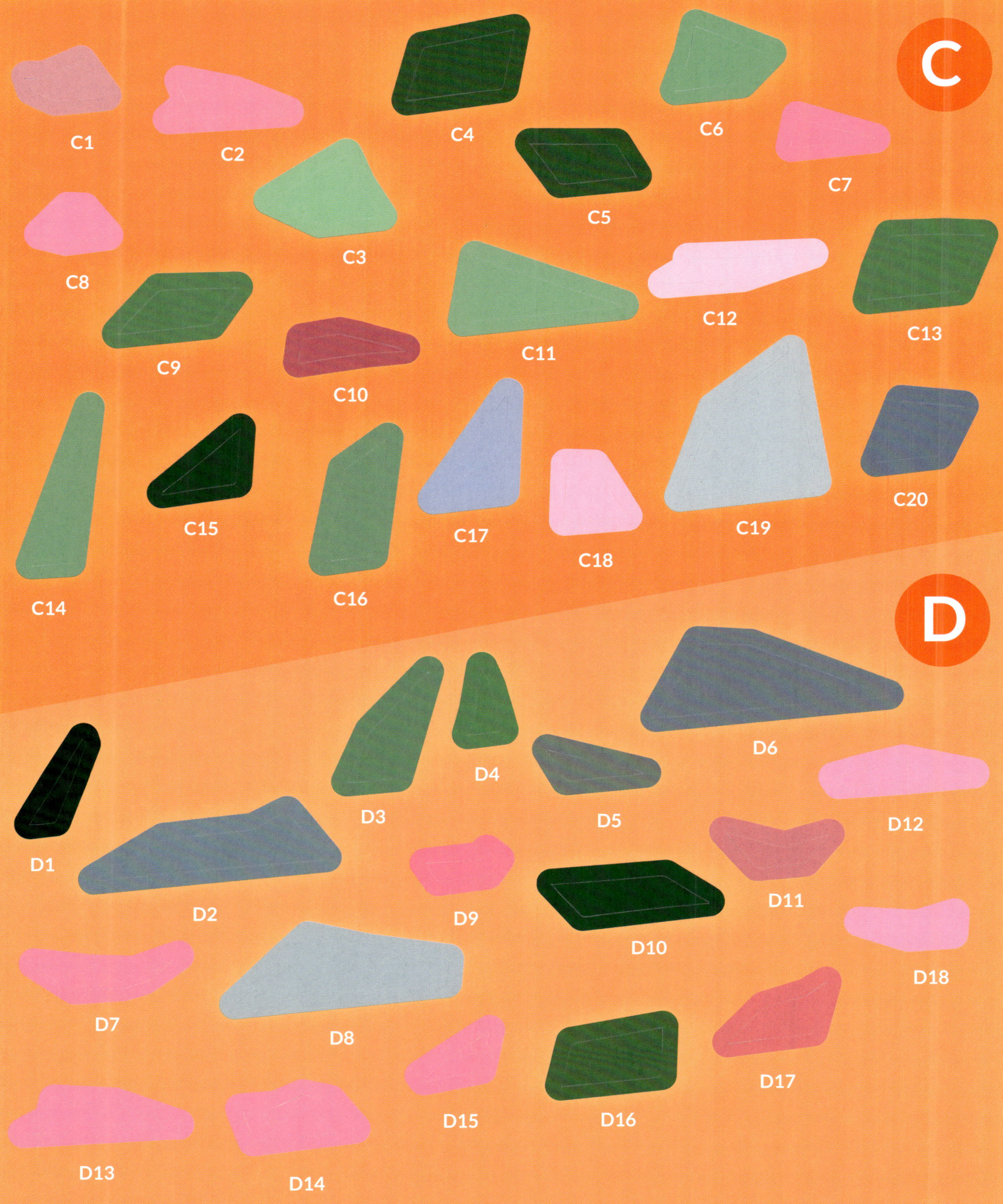
C
C1
C2
C3
C4
C5
C6
C7
C8
C9
C10
C11
C12
C13
C14
C15
C16
C17
C18
C19
C20
D
D1
D2
D3
D4
D5
D6
D7
D8
D9
D10
D11
D12
D13
D14
D15
D16
D17
D18

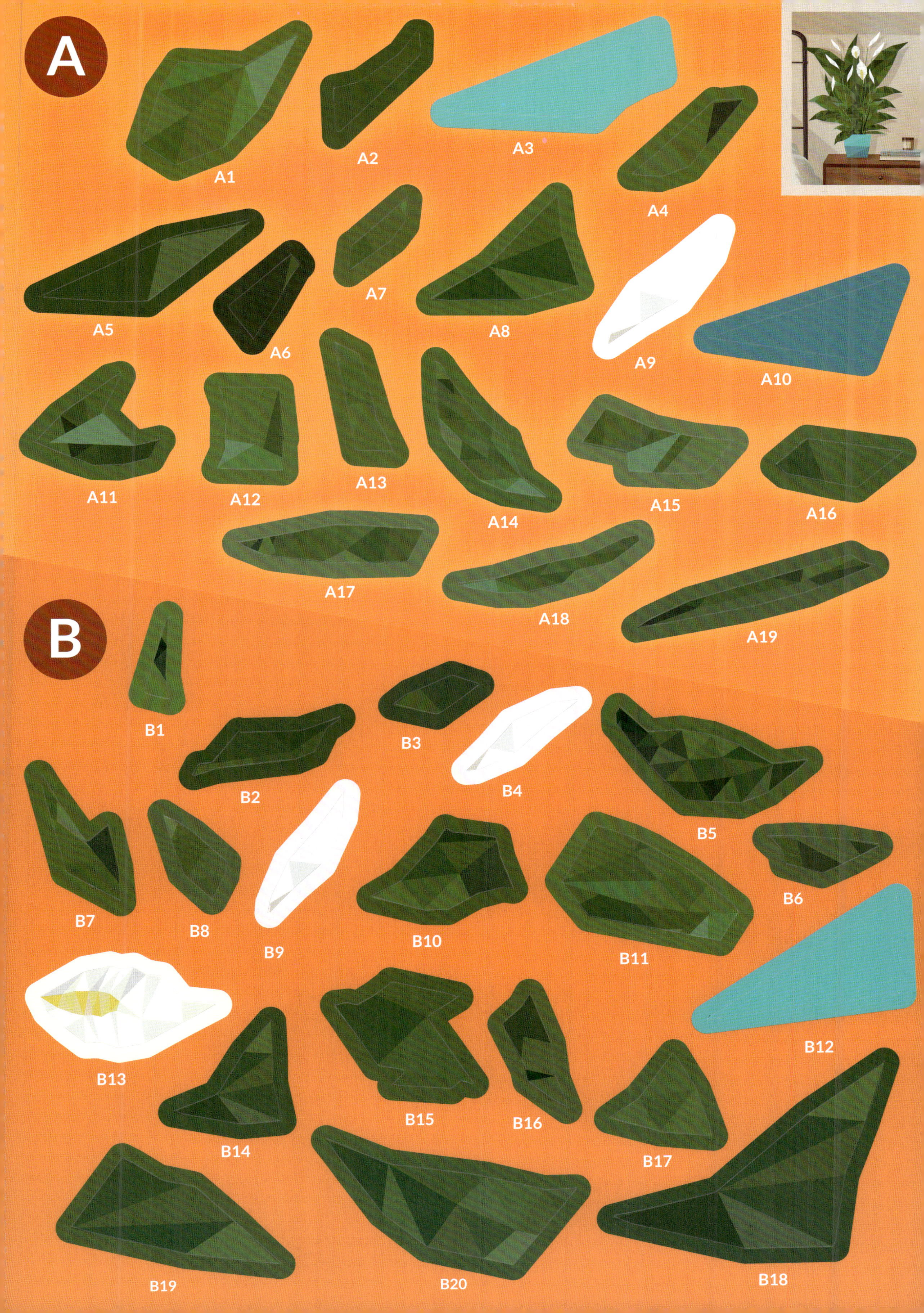

A
A1
A2
A3
A4
A5
A6
A7
A8
A9
A10
A11
A12
A13
A14
A15
A16
A17
A18
A19
B
B1
B2
B3
B4
B5
B6
B7
B8
B9
B10
B11
B12
B13
B14
B15
B16
B17
B18
B19
B20

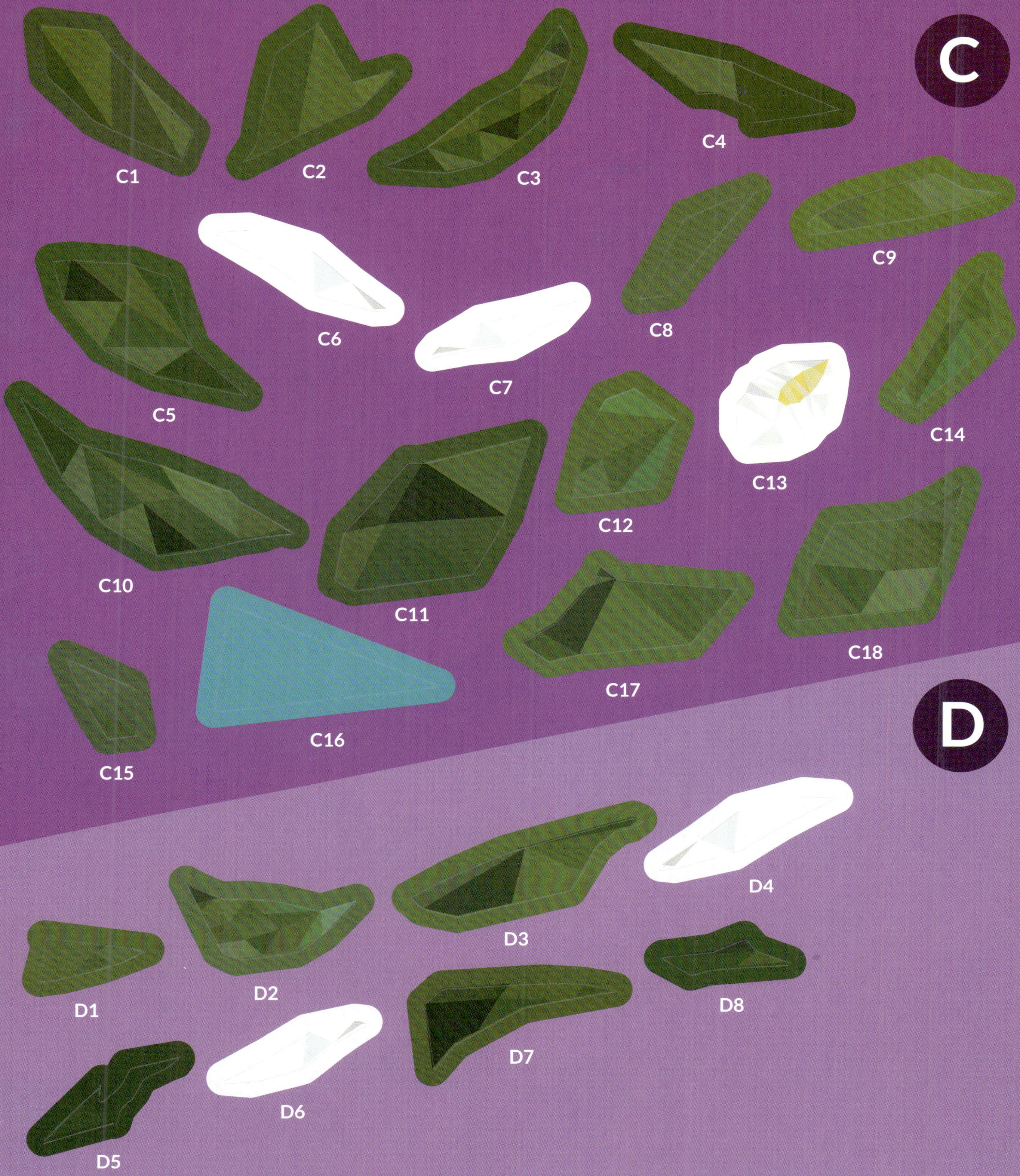
C
C1
C2
C3
C4
C5
C6
C7
C8
C9
C10
C11
C12
C13
C14
C15
C16
C17
C18
D
D1
D2
D3
D4
D5
D6
D7
D8

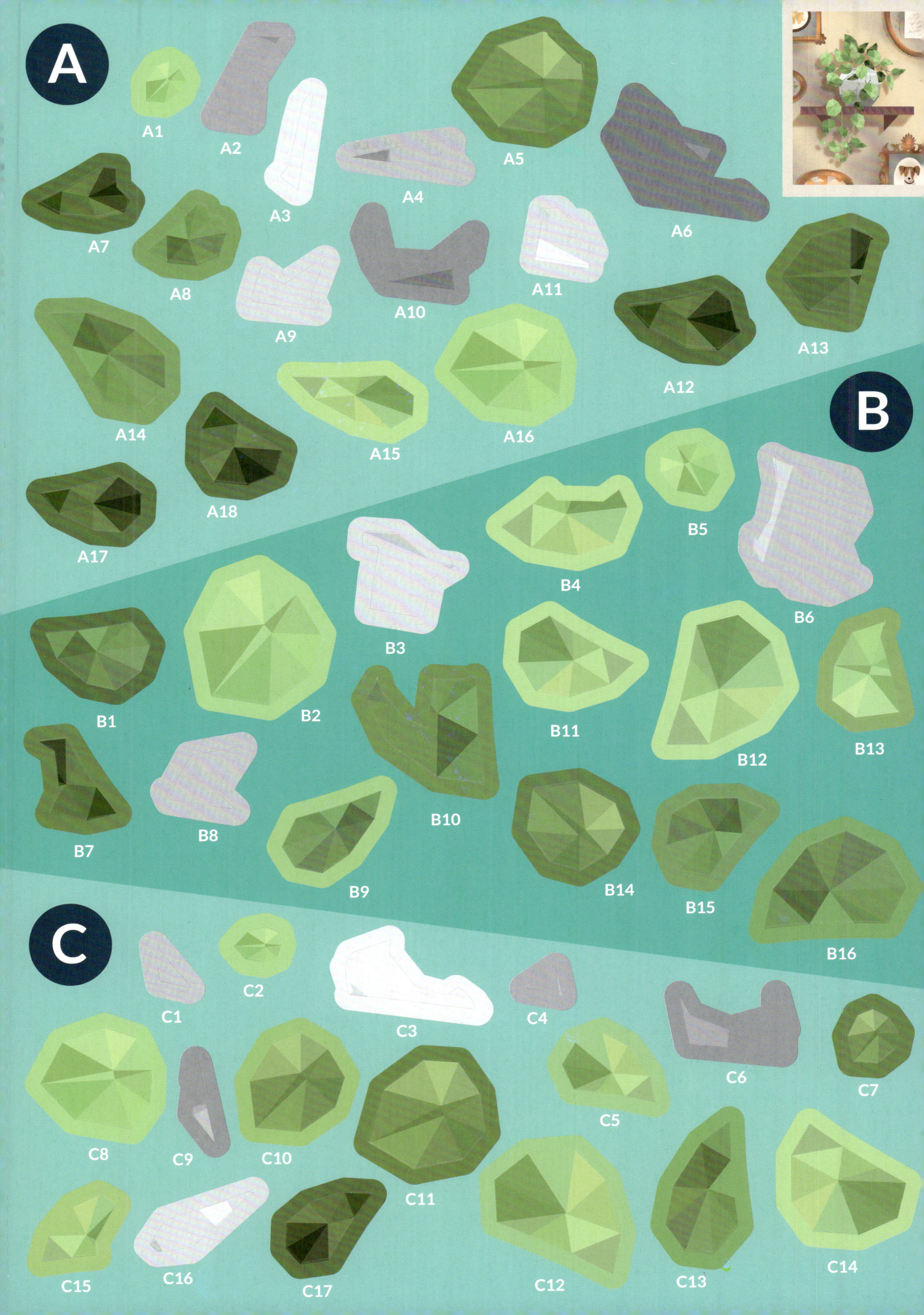
A
A1
A2
A3
A4
A5
A6
A7
A8
A9
A10
A11
A12
A13
A14
A15
A16
A17
A18
B
B1
B2
B3
B4
B5
B6
B7
B8
B9
B10
B11
B12
B13
B14
B15
B16
C
C1
C2
C3
C4
C5
C6
C7
C8
C9
C10
C11
C12
C13
C14
C15
C16
C17

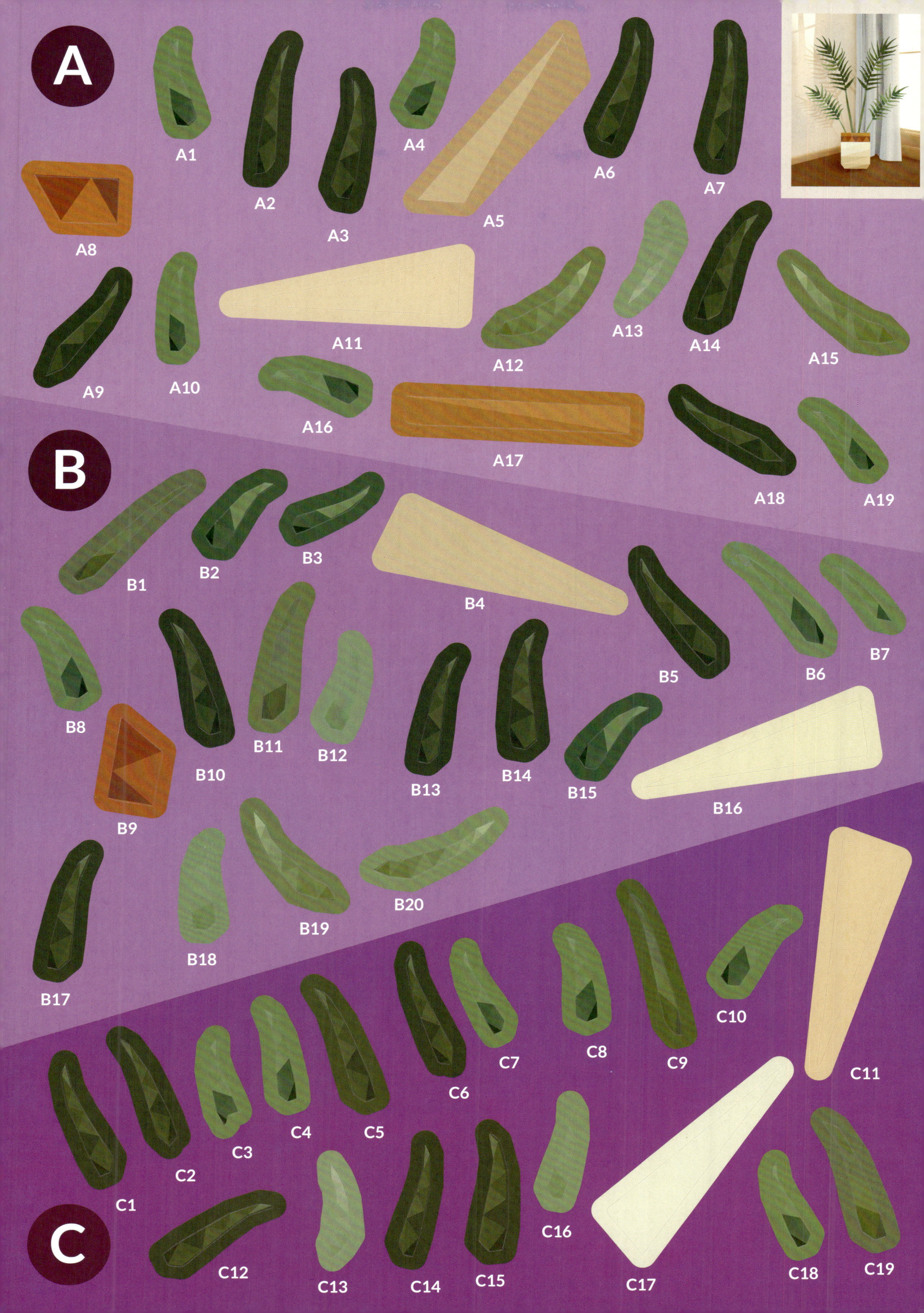
A
A1
A2
A3
A4
A5
A6
A7
A8
A9
A10
A11
A12
A13
A14
A15
A16
A17
A18
A19
B
B1
B2
B3
B4
B5
B6
B7
B8
B9
B10
B11
B12
B13
B14
B15
B16
B17
B18
B19
B20
C
C1
C2
C3
C4
C5
C6
C7
C8
C9
C10
C11
C12
C13
C14
C15
C16
C17
C18
C19

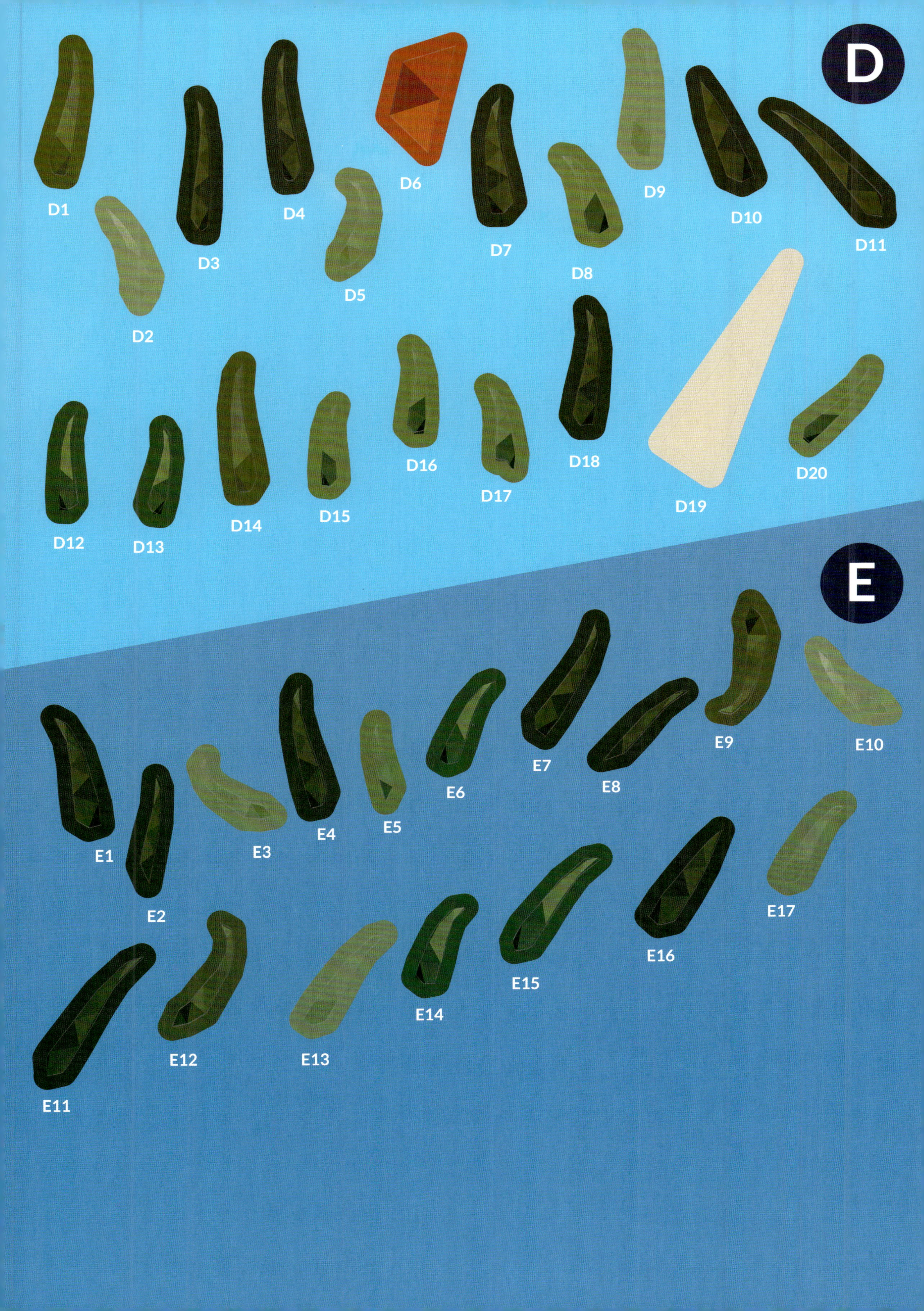
D
D1
D2
D3
D4
D5
D6
D7
D8
D9
D10
D11
D12
D13
D14
D15
D16
D17
D18
D19
D20
E
E1
E2
E3
E4
E5
E6
E7
E8
E9
E10
E11
E12
E13
E14
E15
E16
E17

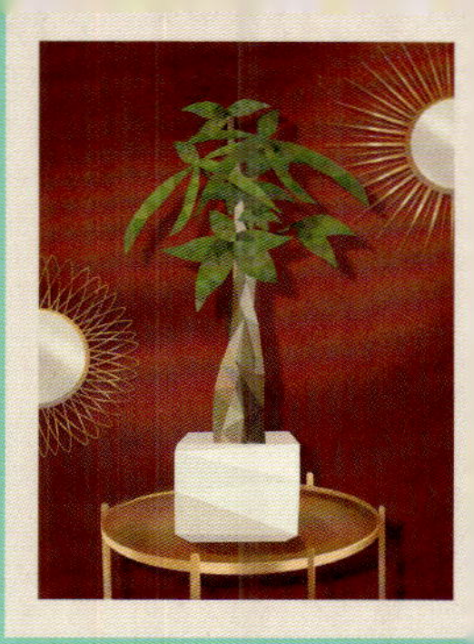

A

A1 A2 A3 A4 A5 A6 A7 A8

A9 A10 A11 A12 A13 A14

A15 A16 A17 A18 A19 A20

B

B1 B2

B3 B4 B5 B6 B7 B8 B9 B10

B11 B12 B13 B14 B15

B16 B17 B18 B19 B20

C

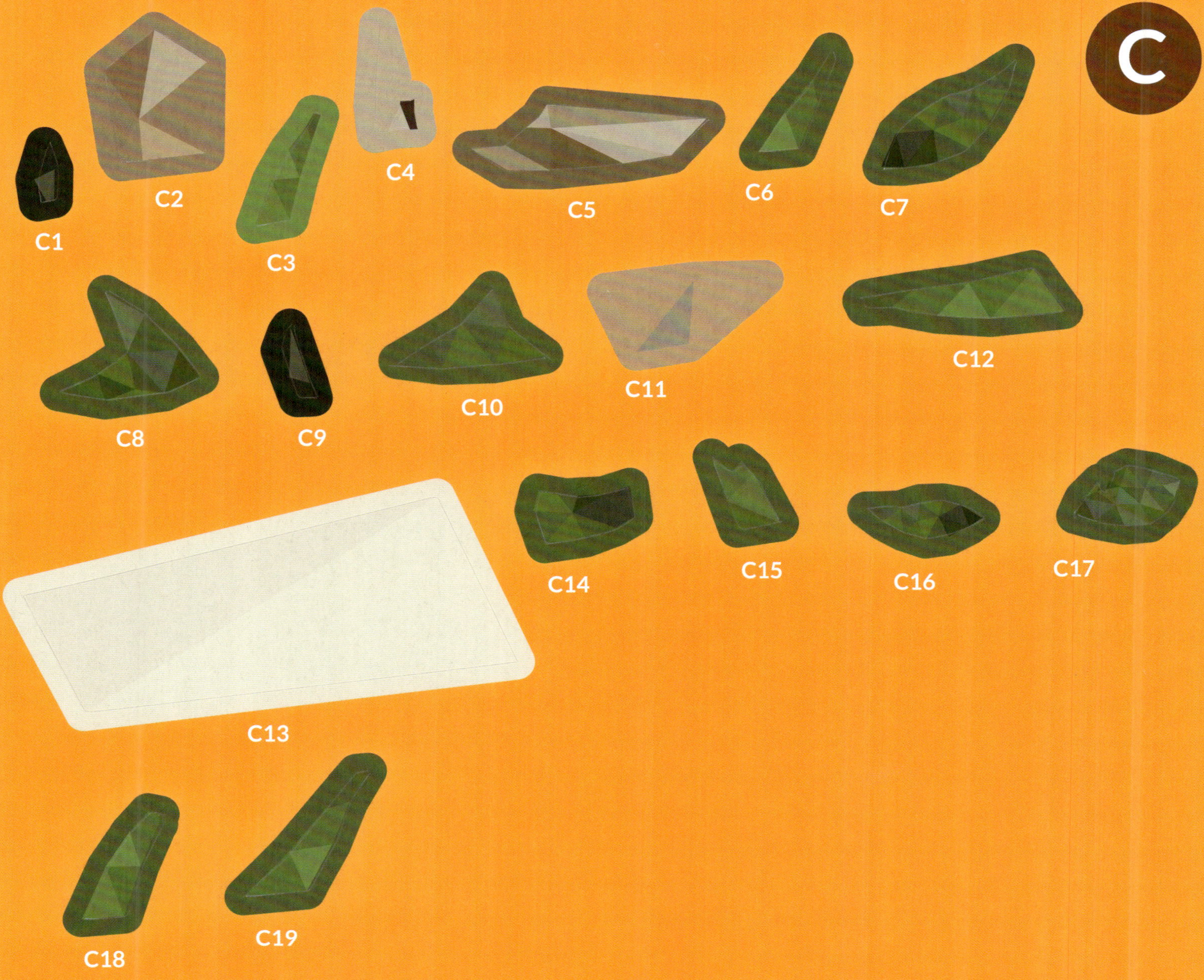

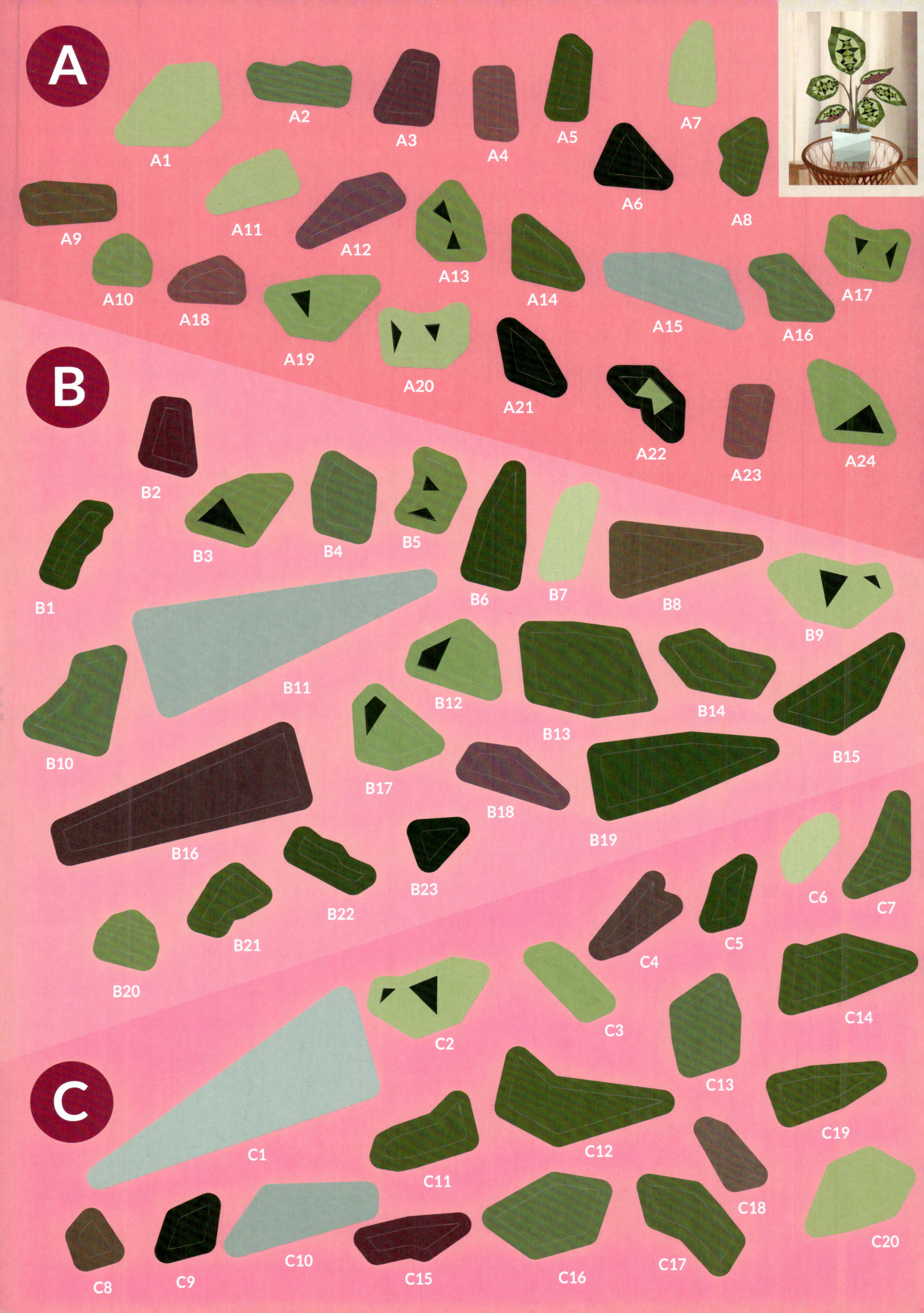

A
A1
A2
A3
A4
A5
A6
A7
A8
A9
A10
A11
A12
A13
A14
A15
A16
A17
A18
A19
A20
A21
A22
A23
A24
B
B1
B2
B3
B4
B5
B6
B7
B8
B9
B10
B11
B12
B13
B14
B15
B16
B17
B18
B19
B20
B21
B22
B23
C
C1
C2
C3
C4
C5
C6
C7
C8
C9
C10
C11
C12
C13
C14
C15
C16
C17
C18
C19
C20

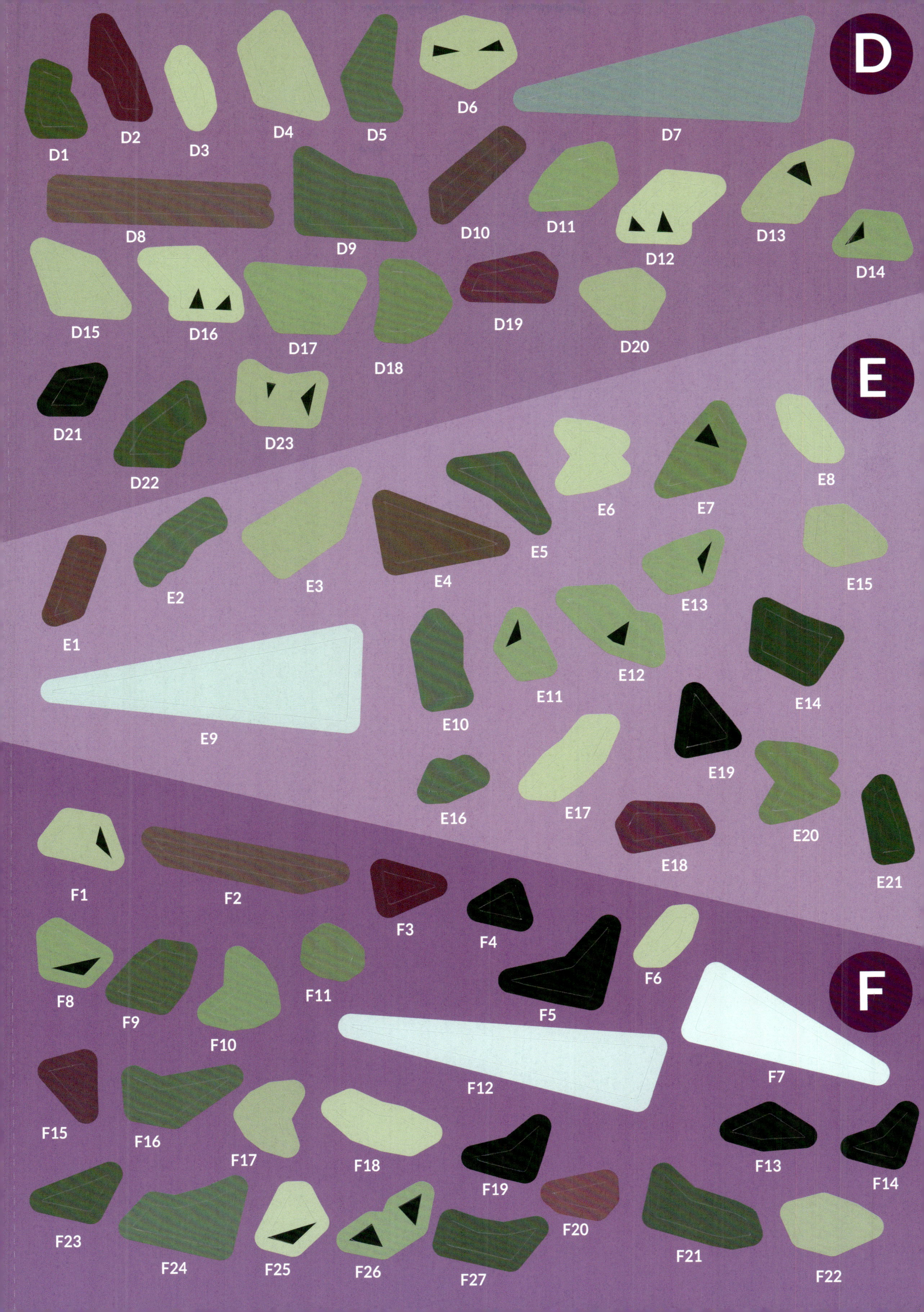
D
D1
D2
D3
D4
D5
D6
D7
D8
D9
D10
D11
D12
D13
D14
D15
D16
D17
D18
D19
D20
D21
D22
D23
E
E1
E2
E3
E4
E5
E6
E7
E8
E9
E10
E11
E12
E13
E14
E15
E16
E17
E18
E19
E20
E21
F
F1
F2
F3
F4
F5
F6
F7
F8
F9
F10
F11
F12
F13
F14
F15
F16
F17
F18
F19
F20
F21
F22
F23
F24
F25
F26
F27

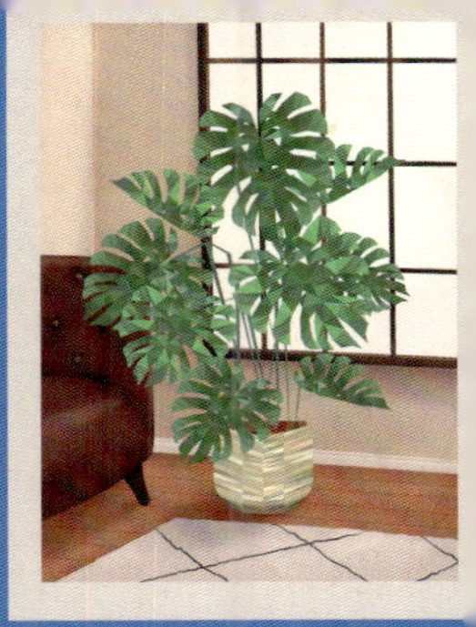

A

A1 A3 A2 A4 A5 A6 A7 A8

A9 A10 A11 A12 A13 A14 A15 A16

A17 A18 A19 A20 A21 A22 A23 A24 A25

B

B4 B2 B1 B5 B6 B8 B9 B10

B3 B7 B11

B12 B13 B14 B15 B16 B17

B22 B23 B21 B18 B19 B20

C6 C8 C9 C5 C7 C3 C4 C16

C

C1 C2 C14 C15 C13 C22 C21 C20

C10 C11 C12 C17 C18 C19 C23 C24

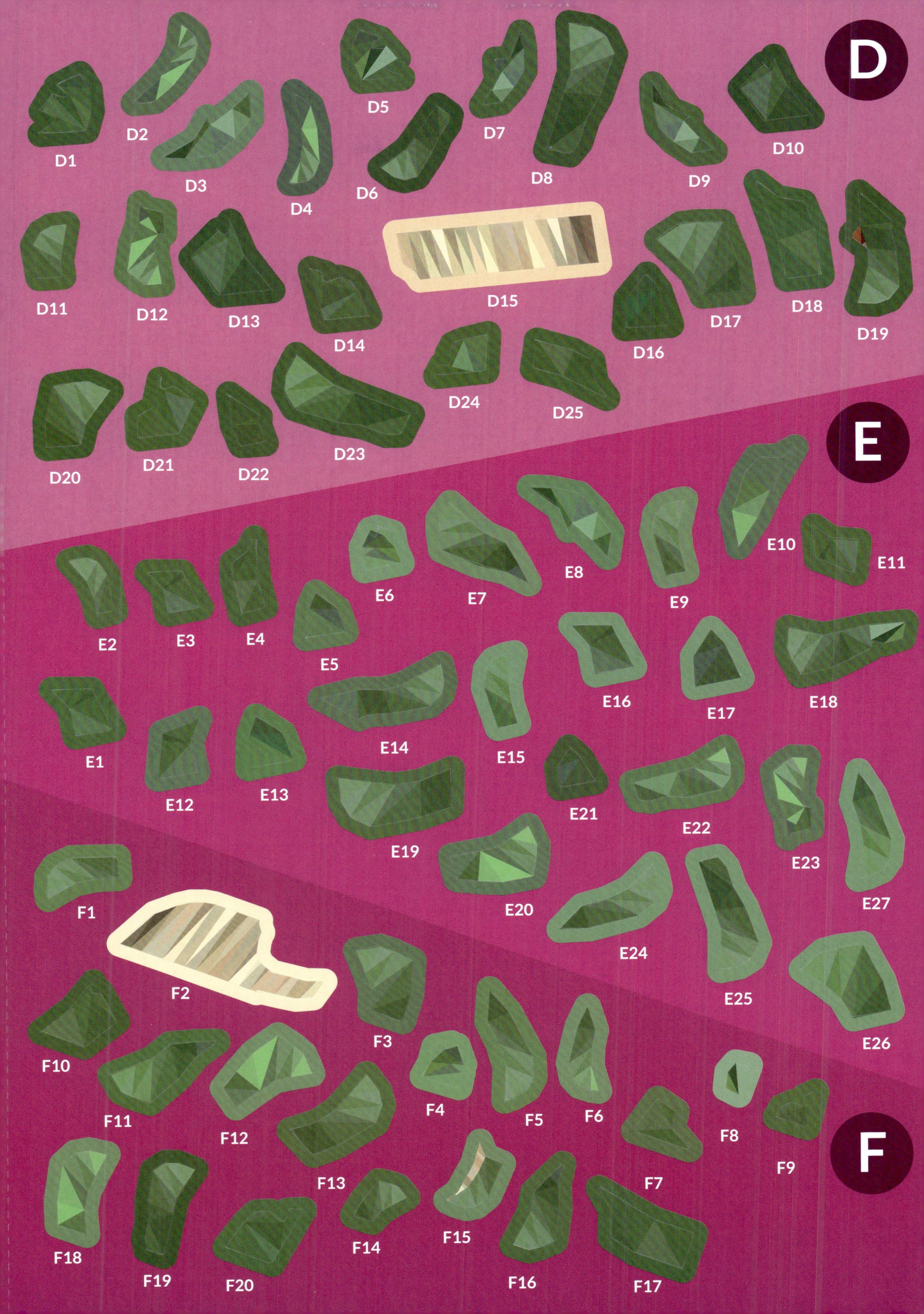
D
D1
D2
D3
D4
D5
D6
D7
D8
D9
D10
D11
D12
D13
D14
D15
D16
D17
D18
D19
D20
D21
D22
D23
D24
D25
E
E1
E2
E3
E4
E5
E6
E7
E8
E9
E10
E11
E12
E13
E14
E15
E16
E17
E18
E19
E20
E21
E22
E23
E24
E25
E26
E27
F
F1
F2
F3
F4
F5
F6
F7
F8
F9
F10
F11
F12
F13
F14
F15
F16
F17
F18
F19
F20

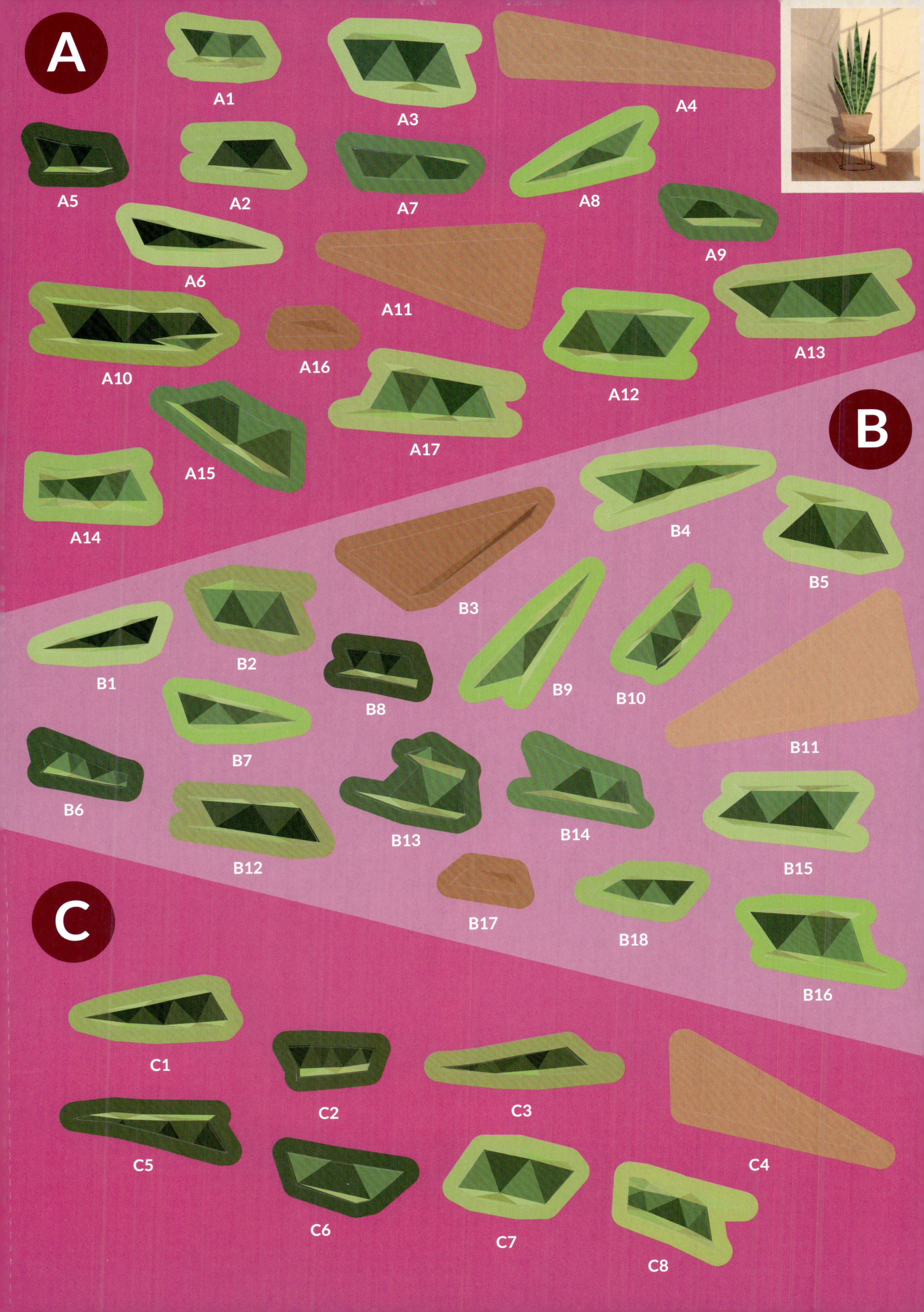

A
A1
A3
A4
A5
A2
A7
A8
A9
A6
A11
A10
A16
A12
A13
A17
A15
A14
B
B4
B5
B3
B1
B2
B8
B9
B10
B11
B7
B6
B13
B14
B15
B12
B17
B18
B16
C
C1
C2
C3
C4
C5
C6
C7
C8

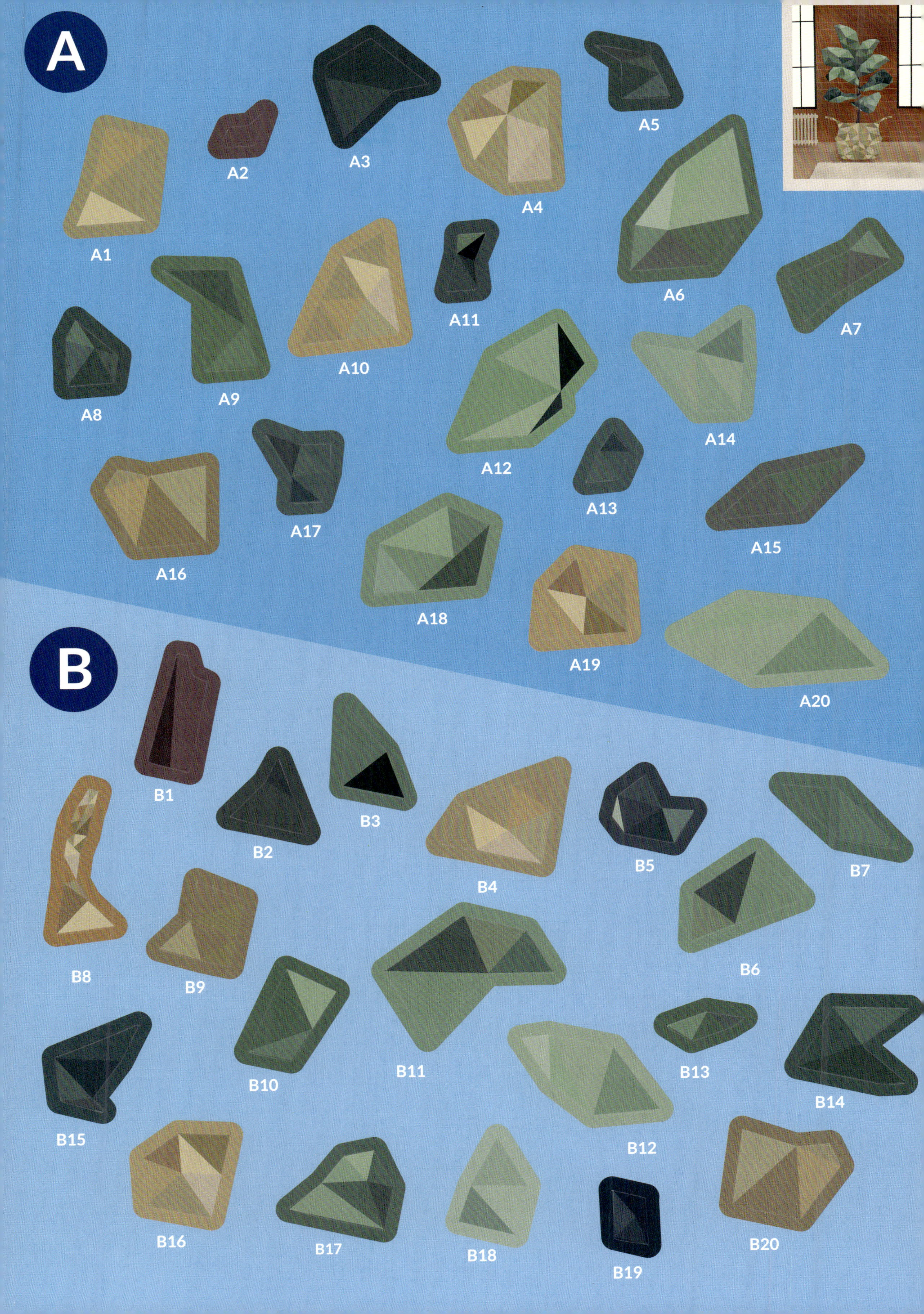

A
A1
A2
A3
A4
A5
A6
A7
A8
A9
A10
A11
A12
A13
A14
A15
A16
A17
A18
A19
A20
B
B1
B2
B3
B4
B5
B6
B7
B8
B9
B10
B11
B12
B13
B14
B15
B16
B17
B18
B19
B20

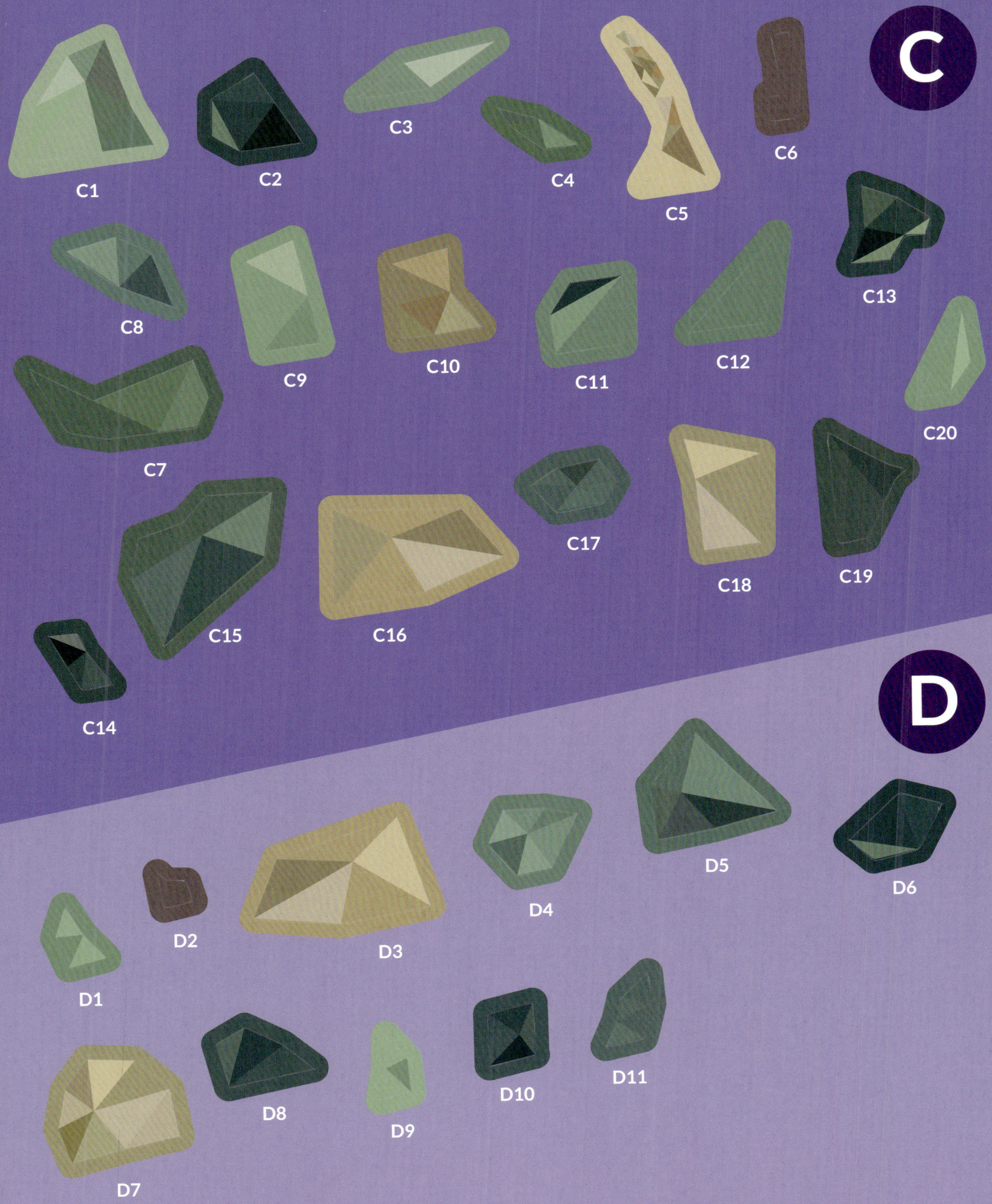

C
C1
C2
C3
C4
C5
C6
C13
C8
C9
C10
C11
C12
C20
C7
C17
C18
C19
C15
C16
C14
D
D5
D6
D4
D2
D3
D1
D11
D10
D8
D9
D7